アナキズム

一丸となってバラバラに生きろ

栗原 康
Yasushi Kurihara

JN231214

岩波新書
1745

目次

＊本書では引用に際し、旧字体は新字体に、歴史的かなづかいは現代かなづかいにあらためた。また、読みやすさのため、副詞など一部の漢字はひらがなにし、難読と思われる漢字にはふりがなを付した。

序章
アナキズムってなんですか？

手に負えない

チャンチャンチャチャチャーン、チャンチャチャチャチャチャチャチャチャーーーン♪　チャーンチャーンチャチャーン、チャーチャチャチャチャチャチャーーーーン♪　どえれえやつらがあらわれたァ！　あれはことしの五月二日。深夜四時、自分で自分におつかれさまと、「麦とホップ」の黒をプシューッとあけたときのことだ。ふとパソコンをながめてみると、仲のよい友だちからメールがきていた。ひらいてみると、すげえハイテンションで「ヤバイっす、ヤバイっすよ！」ってかいてある。なんだ、なんだ、なんだ？　URLがはりつけてあったので、クリックしてみるとユーチューブにとんだ。そんでね、でてきた映像がすげえんだ。舞台はフランス、パリ。五月一日の映像だ。マクドナルドが炎上している。あっ、比喩じゃないよ。ほんとにマックが燃えていたんだ。ウヒョオッ、ビールがうまいぜ！　よし、もう一杯！　だって、マックが真っ黒コゲになっているんだから。こりゃ、飲まずにはいられない。せっかくなんで、ちょっくらなにがあったのかを説明しておこう。

あっ、五月一日っていってわかるだろうか？　労働者の祭典、メーデーだよ。パリじゃ、労働組合主催のおっきなデモがひらかれていて、みんなで街なかをあるいていた。街ゆく人たちに、いまのマクロン政権が労働法を改悪したり、公共部門を削減しようとしているから、そういうのはやめましょうよってうったえていく。でも、そこにスッと一二〇〇人くらいの黒い集団があらわれるわけさ。黒いパーカーに覆面姿のアンちゃん、ネエちゃん。しかも、ただデモに合流するんじゃない。いきなりデモの先頭をとっちまうんだ。でね、なんかざわめきはじめたとおもったら、パッとマックにつっこんでいく。

ものすっごいスピードで、デシッ、デシッとハンマーをつかって窓ガラスをぶちこわし、そこにひたすら石をなげこんでいく。投石につぐ投石、そしてさらなる投石だ。すると、どこからともなく火炎瓶がほうりこまれて、マックがメラメラ、メラメラと燃えはじめる。火をみた群衆はもうとまらない。火のついた猿、火のついた猿。黒いのがわけのわかんないことをさけびながら、ピョンピョンピョンピョンピョンとびまわっている。すると、あたりからモクモクと煙がたちのぼってくるわけさ。そう、車やバイクにも火がはなたれたんだ。ウヒョオーッ、ウヒョオォーーーッ!!!

すぐに、かけつけた警官たちとバトルになって、最終的にはメッタくそにされて、一四〇人くらいブタ箱にほうりこまれちまうのだが、でもなんなんだろう、大失敗にもかかわらず、この高揚感。さすがにこんだけ弾圧されていると、みているこっちもグッタリしてしまいそうなのに、ぜんぜんそうならないんだ。やられてんのに、みんなムダにハシャぎまくっていてね。ぶっこわれているぜ、脳天壊了《ノーテンファイラ》。おっと、やられちまったなァ、ドスコイッ、ドスコイッ！きょうもあしたもやけのやんぱち。建物をぶっこわすだけじゃない、自分自身もぶっこわすんだ。こわせ、こわれろ、こわされろ。ついでに、ぜんぶ燃やしてしまえ。燃やせ、燃やせ、燃やせ。みているおいらも燃えちまったよ。もう真っ黒コゲさ。もっと黒くなれ？もっと黒くなれ？火のついた猿、火のついた猿。ウッキャッキャッキャッキャッキャッキャーーーッ!!!

ちょっとテンションがあがってしまったおいらは、深夜にもかかわらず、友だちに電話をかけた。すると、すぐにでてくれて、やべえよ、やべえよとふたりでもりあがる。でね、おいらが「あれ、みんなギャアギャアわめいてるけど、なんていってんの？」ってきくと、その友だちがまたフランス語堪能なので、もういっかい、ユーチューブをみながらおしえてくれた。おどろくほど単純だ。「先頭をとる」「みんな警察がキライ」。……。えっ⁉ほんとにそれだけなんだ。いやまだなにかあるだろう。ちょうど燃えさかるマックのまえを、わかいネエちゃんがバナーをもってはしりまわっていたので、「あのバナーにはなんてかいてあるの？」ってきいたら、友だちがこうこたえた。「フェミニズムはおわらない」。やべえ、意味不明だ、メチャクチャである。

てゆうかさ、もともとデモのなかに黒い集団があらわれるってのはあったわけさ。みんなで、黒いおなじかっこうをして、顔をみえなくしてあるく。そんでもって、デモの途中に、わるそうなお店っていうんだろうか、これが資本主義の象徴ですみたいなとこあれば、うりゃあと、窓ガラスをわっていくわけさ。マックとかスタバとかシティバンクとかね。カネ、カネ、カネってうるせえんだよ、いっさいがっさい、ここで怒りをぶちまけろ、ヤッチマエってね。で、とうぜんやった連中は警察におわれるわけだけど、ダッシュで黒いかたまりに逃げこめば、みんなおなじかっこうをしているから、だれがやったかわかんない、つかまらない。とまあ、そんな戦法さ。そういうのをブラックブロックっていうのだが、その黒がなにものにも染まらない色、なにものにも縛られない色だってんで、アナキズムをあらわしているんだ。

でもさ、こんかいのはデモの途中からじゃなくて、いきなりデモの先頭をとっちまう。で、しょっぱなからマックを焼き討ちにして、デモはおジャンに。しかも、でてくることばは「デモの先頭をとれ」「みんな警察がきらい」「フェミニズムはおわらない」である。いちいち脈絡がない。メーデーもクソもヘッタクレもないんだ、もう大混乱！　もはや経済がどうこうとか、よりよい労働をとか、そういうはなしじゃない。もちろん貧乏人がコケにされているこのクソみたいな社会にクソッたれってのはあるんだろうけど、ちょっとばかし仕事をもらったって、ちょっとばかしカネをもらったって、だまりゃしないぞっていう気持ちがにじみでている。なめんじゃねえぞ！ってね。

でさ、おもしろいのは、友だちにフランス・メディアの反応をみてもらったのだが、こんかいのマクドナルド焼き討ち事件については、擁護する声がおおかったんだという。ここまで経済的不平等がすすんでしまったから、まずしい若者が暴走してしまったんだ、だからまっとうな労働条件をととのえないといけないんだってね。まあまあ、それはそれで日本にいる身としては、すげえなっておもってしまうのだが、それだけじゃなくて、アナキズム系の雑誌、『ランディマタン』ってとこのウェブサイトが、こんなことをいっていたんだという。あらゆる正論にファックユー。問題を経済に還元させてはいけない。こんかいの件であきらかになったのはこれだけだ。「制御できない力がある」。

だれにもなんにも、国家にも資本にも、左翼にも右翼にもしばられない、そして自分自身にですら制御できない、得体のしれない力がある、それがわかったんだと。だから、マックを焼き討ちにした当人たちも、それを目撃したおいらたちも、そんな力にただ酔いしれればいいんだ、そんな力があることを誇りにおもえばいいんだ、あれもできる、これもできる、もっとできる、もっともっとできる、うれしい、たのしい、きもちいい、オレ、すげえ、オレ、すげえ、オレ、オレ、オレ、オーレイ！ってね。わすれやしない、この酔い心地だけは。えっ、なにいってんのって？　いやいや、それがアナキズムってもんさ。どえれえやつらがあらわれたァ！火のついた猿、火のついた猿。ウッキャッキャッキャッキャッキャーーーッ!!!　手に負えない。もうちょい、はなしをつづけてみましょうか。

やることなすこと根拠なし　はじまりのない生をいきていきたい

そいじゃあ、アナキズムってなんなのか。たぶん、「無政府主義」という訳でききおぼえがあるってひとはおおいんじゃないかとおもう。もちろん、それはまちがいじゃないんだが、ことばの意味をひろっていくと、アナキズムというのは、ギリシア語の anarchos からきていて、an（アン）っていう接頭語と、archê（アルケー）がくっついてできたものだ。アン、アルケーで、アナーキー。でね、このアンというのは「〜がない」っていう意味で、アルケーというのは「支配」とか「統治」って意味なんだ。

だから、ていねいに訳していくと、「だれにもなんにも支配されないぞ」とか、「統治されないものになれ」ってのがアナーキーになる。で、それを思想信条としましょうってのが、アナキズムだ。アナーキーに「〜主義」のイズムをつけて、アナキズム。よし、いっちょあがり！　そんでもって、政府ってのは、統治の一機関だからね。それで「無政府主義」とも訳されたりするのだが、まあまあ、政府だけじゃなくて、あらゆる支配はいらねえんだよってのが、アナキズムだ。

でもね、もうひとつ、あたまにいれておかなきゃいけないのは、このアルケーってのは、もともと哲学用語だったってことだ。「万物の始原」とか、「根源的原理」とかね。かんたんにいってしまえば、「はじまり」とか「根拠」ってことになるだろうか。それがないってことだから、アナキズムってのは、「はじまりのない生をいきる」とか、「根拠のないことをやる」ってことになる。ええっ、なにいってんスかっておもわれるかもしれないが、まあまあ、そういうことなんだ。

たとえば、この資本主義の世のなかじゃ、たくさんカネをかせいでなんぼってのがあるわけさ。カネをかせいで生きるのがよいことだってのが「はじまり」としてあって、じゃあ、それでよりよい生活をしていくためには、よりよい将来のためには、ああしなきゃいけない、こうしなきゃいけないっていわれている。カネによる支配だ。でもね、これじゃすんげえいきぐるしい。いま、メッチャやりたいことがあったとしても、それがカネになるもんじゃなきゃ将来のためにならない、やっちゃダメだ、それでもやるのはろくでなしだ、クソなんだっていわれちまうからね。

あれもダメ、これもダメ、ぜんぶダメ。ダメ、ダメ、ダメ、ドヒャア！ 一〇〇年まえの日本のアナキスト、大杉栄《おおすぎさかえ》は、それじゃダメでしょうってことで、だいじなのは「生の拡充」だっていっていた。ひとってのは自分の生きる力をどんだけおもうぞんぶんひろげることができるのか、やりたいことをやってみて、それができたら、うれしい、たのしい、きもちいい、オレすげえ、オレすげえって、ハシャギまくって、どんだけ自分で自分に充実感をえることができたのか、そんだけのもんでしょうと。はじめからやっちゃいけないことなんてない、はじめからいっちゃいけないことなんてない、ぜんぶ自由だ。やりたいことしかやりたくないね、やっちまいな、いいよ！

はなしをもどすと、ひとが生きていくのに「はじまり」なんていらねえんだよってことだ。カネ、カネ、カネ？ なにがカネだよこのやろう、くれよ！ってね。生きることに目的なんてない。はじまりがなければ、おわりもない。過去もなけりゃ、未来もない。あしたなんてない、きのうも大キライ。だったら将来のために、いまを犠牲にするのはもうやめよう。いまこの一瞬に、人生まるごと賭けちまえ。いま、いま、いま。きょうもあしたも、やけのやんぱち。なんどでも、なんどでも、死んだつもりで生きてみやがれ。やるならいましかねえ、いつだっていましかねえ。きっと、そういう「いま」を生きつづけるのが自由ってもんなんだとおもう。フリーダム！

もちろんこれ、とんでもねえことになるわけさ。だって、それまでただしいっておもってきた生きかたをほうりなげるってことだからね。自分の生きる根拠ってんだろうか、そいつをぶっこわしちまう。自分の人生をふっとばせ。まわりからしたら、いや、もしかしたら自分からしても、意味不明なことをやっている。こいつ、どうかしちまったぞってね。たとえば、ある日、とつぜん覚醒してしまって、どうせひとは死ぬのであります、こんな世界はどうでもいいねって朝からブツブツブツブツいいはじめて、ヨーシッ、会社やめます、家も捨てます、将来も捨てますっていって、ひとり放浪の旅にでて、クソみたいなポエムをかきはじめる。テメエの人生はテメエできめろ、テメエのことはテメエでやれ、やれるんだァってね。うれしい、たのしい、きもちいい。オレ、すげえ。オレ、すげえ。オレ、オレ、オレ、オーレイ！

でね、こういうのが「だれにもなんにも支配されない」ってことだし、アナキズムなのだが、だいじなのは、だからといって、べつにそれはアナキズムのためにやっているわけじゃないし、はじめからやりたいことがあって、そのために計画的にうごいてるわけじゃないってことだ。たいてい、そういうことをいっていると、世界を放浪するためにはやっぱり経済力だ、うんとカネをためなきゃいけないんだっていって、ずっとはたらいて、もっとためなきゃ、もっともっとってなって、けっきょくなにもできなかったり、ちゃんとした詩人になるためには、ああしなきゃ、こうしなきゃってなっちまって、気づいたらポエムが仕事みたいになっちまって、クソつまんなくなっちまったりしている。それでいて、自分がやりたいっていったことなんだから、あまえちゃいけない、たえなきゃいけないっておもわされたりね。

だから、こういうのは支配されないためにやるもんじゃないし、やりたいことのためにやるもんじゃないってことだ。自分の「はじまり」も「根拠」もクソくらえ。なんならアナキズムだってクソくらえ。だいじなことは、とつぜんおこる。暴動、暴走、無計画。会社でも家でも学校でも、なんもかんもうまくいかなくて、ああ、終わった、死んだ、チキショウ、チキショウ！ってさけんでいたら、パンパーーンッ！てあたまがふっとんじまって、もうどうでもいいや、どうとでもなれと、散って狂って捨て身で生きはじめたり、あるいは、はじめからやりたいことはあったとしても、ちょっとやりはじめたら、もうとまんなくなっちまって、いきなり暴走しはじめたりね。ちゃんと旅することを決意してとかそういうことじゃなくて、なんかいいなとおもって、ちょいとアジアをまわってこようっておもっていたら、もうたのしくなっちまって、一生もどってこなかったりとか、酒を飲んだいきおいでポエムをかいてみたら、もうきもちよくて、いやあたまんねえなっていって、延々かきつづけちまったりとかね。ひとってのは、そういうもんだ。

で、そういう自発性の暴走ってんだろうか、いちどあばれはじめた力ってのは、もうだれにもなんにも、そして自分にですら制御できない。だって、なんでそんなことをやりはじめたのか、自分にだってわけがわからないんだから。損も得もありゃしない。なんなら損しかありゃしない。どえれえやつらがあらわれたァ！　まるで火のついた猿だ。やめられない、とまらない。テメエのことはテメエでやれ。ついでにテメエをふっとばしてやれ。やるならいましかねえ、いつだっていましかねえ。いまのあとには、いましかねえ。そしてさらなるいましかねえ。いま、いま、いま。死んだつもりで生きてみやがれ。死んでからが勝負。やることなすこと根拠なし、はじまりのない生をいきていきたい。アナーキー！

ビラをまいたら、クソしてねやがれ

まだピンときていないひともいるかもしれないので、ちょいと自分の例をだしてみよう。おいらは文章をよむのが好きだ。そんでもって、おなじくらい文章をかくのが好きだ。なかでも、いちばん好きなのがビラだ、ビラをかくことだ。とくにオシャレでもなんでもない、クソみたいなビラをね。だれの目を気にすることなく、おもったことをメッタクソにかいて、路上でまきちらす。そういうビラをかくのが好きなんだ。もちろん、もともと大学院で勉強してきたので、カッチリした論文もかいてきた。でもさ、おいらが研究してきたのはアナキズム、さっきふれた大杉栄なんだ。

でね、研究論文ってのは、どうしてもほかの研究と比較して、オレはこんだけすぐれているんだとか、オレがただしいんだっていってかなきゃいけないわけさ。そんでもって、それがみんなにみとめられるようになると、えらい先生になるってのかな、その道の権威っていわれるようになる。でさ、わかい子たちってのは、その先生のとりまきになって、がんばってあたまをペコペコとさげて、マジでなんでもしたがいますよみたいになって、そのかわり、大学の仕事を紹介してもらったり、自分がかいたものを先生に評価してもらって、あたらしい権威になっていくわけだ。

だけど、そういうのイヤじゃんかさ。ものを考えていくうえでの奴隷化システムってのかな。さいしょはみんな、仕事をとるためにはしかたがないんだ、生活がおちついたら好きにやろうくらいにおもっていても、いつのまにか、これが権威だ、ただしいんだっていわれているものを気にせずにはいられなくなっていて、まわりに評価されることばかりをやろうとしてしまう。ファックだぜ。しかもこれ、研究しているアナキズムとおもいきりバッティングしていたわけさ。はじめからやっちゃいけないことなんてない、いっちゃいけないことなんてない、ぜんぶ自由だ、まわりのことなんか気にせずに、好きなことを好きなようにやれっていっているのに、まわりに評価されるための文章をかいちまったら、アベコベだからね。

そういうこともあって、おいら、二十代、三十代とおもいなやんだりもしましてね。でも、そんなとき、反戦やら、貧困問題やら、反原発やら、反安保法制やら、奨学金問題やら、いろいろデモや集会があったので、そこにでかけてみたりして、そのたびにヘンなビラをつくって、それをまいて、友だちとイエーイ！ってはしゃいだりしていたんだ。そしたら、それがたのしくなってきちゃってね。気づけば、ビラをかくのがメインになっていた。大学の師匠に博士論文ってのをみせたら、「栗原くん、これはビラですか？」っていわれて、ほんきで怒られたりするくらいにね。さすがに、おいらも三〇万字のビラなんてかかないのだが、まあまあ、そういうもんさ。

でもね、そうはいってもビラってだいじだよなって、こころからおもったのは、この数年のことだ。あれは反原発のデモがもりあがっていたころだから、二〇一一年だとおもう。この年の夏くらいにもなると、デモのたびに何万人もひとがあつまるようになっていたので、まいどのように友だちとふたりでヘンなビラをつくって、それをまきちらすみたいなことをやっていた。しかも、うちらちょっとヒネくれていてね、デモに批判的なこともかいていたんだ。

そのころ、ちょうどデモ主催者のなかにプチ政治家みたいなひとがでてきちまっていてね。原発再稼働をとめるためには政府をうごかすしかない、デモはそのための圧力なんだ、とにかくたくさんひとをあつめて、メディアにアピールしなくちゃいけない、好印象をのこさなくちゃいけない、つきましては笑顔でピースフルにつとめましょう、まちがっても声をあらげて警察とやりあって逮捕者をだすようなことはしちゃいけない、そんなことをしていたら、こいつらヒステリックなおかしい連中なんだとおもわれてしまう、負のレッテルをはられてしまう、だから、そういうハネあがったやつらはアブナイ、キケンだ、おいだそう、みたいなことがいわれはじめていたんだ。

でもね、こっちからすると、さんざん放射能をまきちらされてどうしたらいいのか、なに食ったらいいのかもよくわかんなくさせられていて、そんで狼狽《ろうばい》してギャアギャアいっていたら、それはパニックです、ヒステリーです、やめてください、冷静になりましょう、だまってふつうにはたらきましょうみたいなことを、メディアだの、政府だのからいわれていてムカついていたのに、なんでデモにいってまでヒステリーをおこしちゃいけないっていわれんだよってもうわけさ。むしろ徹頭徹尾、パニックをおこしちまえってね。だいたい、反原発という大義のためであったとしても、そのためにあれやっちゃダメ、これやっちゃダメ、おまえらあれやれ、これやれっていって、ひとをしたがわせはじめたら、それただの支配でしょうって。

だから、そういうビラをかこうとおもっていたんだけど、これ、けっこうむずかしいんだ。だって、たとえ、だれにもなんにも支配されないためであったとしても、そういう大義がたってしまったら、いいかえりゃ、そういう自分の「根拠」がたってしまったら、おんなじだからね。そのために、ああしろ、こうしろと、自分や他人をしばりつけてしまう。そんなビラをかくほど、クソみたいなことはない。クソッたれだ。だからデモの前になると、よく深夜に何時間もかけて、友だちとふたりでどうしようかと電話ではなしあったりしていた。でさ、こんとき、たしかおいらが「なんか、かきたいことある？」ってきいたら、友だちが「とりあえず、仕事サボりたいっス」っていってきたんだよね。もう反原発もクソもヘッタクレもない、意味不明だ。イヨーシッ！

深夜で酒がはいっていたってのもあるんだろう。異様にテンションのあがったおいらは、いちど電話をきって、ビラをかきはじめた。タイトルは、「仮病の論理」。仕事をサボるつったら、これでしょうと。まあ、定職についたことなんてないんだけどね、へヘッ。でさ、これやりはじめると、とまんなくなるわけさ。デシデシデシッって、パソコンをうっていたら、仮病といえば、ダルマだろうっておもって、気づけば、ひたすらダルマのはなしをかいている。いやね、このひとマジでやばくて、仏教をきわめてんだけど、サボリ癖があるんだ。どっかの王様が説法にこいよって声をかけても、いやあ、なんか壁にむかって九年くらい、ぶっとおしで座禅をくんでいたら、足が腐っちゃってね、ムリなんすよって。ぜったいにウソだ。とまあ、そういうはなしをかいていたら、ながくなっちゃってね。気づけば、ほんとにデモにも、反原発にもいっさいふれてないのに、もう六〇〇〇字をこえていた。やばい！

とりあえず、友だちに電話をかけて、メールで文面をみてもらう。友だちは大爆笑だ。で、テンションのあがった友だちがまたいいはじめる。「ちょっと、一時間ほどもらって、かきたしてみると、なんかドゥルーズとか、フランス現代思想のことばが、ガンガンはいっていて、ダルマのはなしがムッチャ、補強されている。すげえ！　あたまのいいひとの文章みたいだァ。しかも、原発のはなしはいっさいなし。字数はすでに八〇〇〇字をこえていた。でも、そういうのをみると、ヘンなテンションになるってのはわかるだろうか。異様な力がたぎってきて、なんでかしらないけど、むやみやたらとヘンなフレーズが、ジャンジャン、まいおりてきたりするわけさ。さらにさらにとかきたしていく。

そんなことをやっていたら、気づけば朝の七時になっていて、もうこれでいこうってなって、友だちがプリントしてもってくることになった。でさ、いざデモにいってみると、その友だちが大金をはたいて、コンビニで五〇〇枚くらい、コピーしてきているわけさ。五〇〇〇円⁉　しかも手にとってみると、なんとなんとだ。A4一枚片面に、ビシャーッと八〇〇〇字がつまっている。うおおッ、よ、よめねえ！　そう、字がちっちゃすぎてよめないんだ。そんなもんだから、デモ会場でだれにくばってもうけとっちゃくれない。一枚もだ。あっ、ちがう。じつはデモの最中に、ひとりだけうけとってくれたひとがいてね。いまおもえば、山本太郎だった。いいひとだ。

まあまあ、そんなんだったんで、ビラをあまらせてもしょうがないから、歩道橋からバラまいてみたり、友だちは紙をクシャクシャってまるめて、ハッシッ！ハッシッ！とデモ隊になげつけていた。で、さいごはめんどくさくなってね。のこりの三〇〇枚くらい、デーーンッと道路におきざりにしてみた。でね、それがデモのとおり道だったんでどうなるか、歩道橋のうえからながめていたら、あれだね、さすが反原発。デモ隊のなかにゴミひろいおばちゃんみたいなひとがいて、ササッとゴミ袋にいれてもちさってしまった。アアアッ、アアアァァァーーーッ!!!　とまあ、そんなはなしだ。なむあみだぶつ。

なにがいいたかったのかというと、アナーキーってそういうもんでしょうってことだ。もちろん、だれだってさいしょは、クソ、クソ、チクショウ、したがわねえぞっておもうことがあって、自発的にうごきはじめるわけさ。おもうぞんぶん、好きなことを好きなようにかいてみたい。でも、そのただしさみたいなもんにとらわれて、あれもダメ、これもダメ、ぜんぶダメ、ダメ、ダメ、ダメっていっていたら、かならず自分のなかに、自分たちのなかに支配がめばえてしまう。だからだいじなのは、いざなにかをはじめたら、いくらでもその自発性を暴走させてしまっていいんだってことだ。なんでそんなことをやっているのかわからない。なんで「仮病の論理」とかいっているのか、意味がわからない。それをやったことで、今後、運動がこうなっていくとか、そんな成果みたいなこともありやしない。なにもはじまんないんだ。でも、そうやって、自分の「根拠」すらブチぬいたとき、ひとってのはかならず得体のしれない力をその身にやどす。それこそ五時間でも六時間でも、なんだこの力は、なんだこの力はって、身体がかってにうごくんだ。もう夢中になって、時間なんかわすれちまって、子どもみたいにはしゃいでしまう。自分の限界なんかとうにこえて、ひとでありながらひとじゃないうごきをはじめていくんだ。ひととして、ちょっとおかしいことをやりはじめたりね。やめられない、とまらない。うれしい、たのしい、きもちいい。制御できない力がある。手に負えない。そういう力に酔いしれる。そういう力があるってことを誇りにおもう。やることなすこと根拠なし、はじまりのない生をいきていきたい。

そうそう、いまおいらがいったようなことをわかりやすくするために、「アナキズム」と「アナーキー」をわけて論じるひともいる。だれにもなんにも支配されないぞっていっても、アナキズムみたいにそれを主義にしちゃダメなんだ、それを原理にしたとたんに、アナキストだったらああしなきゃいけない、こうしなきゃいけないってのができてしまう。だから、アナキズムじゃなくて、アナーキーなんだ、アナーキーそのまんまでいきましょうってね。でさ、おいらもこのアナーキーがだいじだとおもっているのだが、でも、あんまりこのアナーキーってことばに執着していたら、それがまた根拠になっちまって、あれもダメ、これもダメ、ぜんぶダメ、ダメ、ダメ、ダメってなっちまうわけだろう。だから、もうちょいゆるりといいますか、本書では、アナーキーを生きるのがアナキズムなんだくらいのノリでいきたいとおもう。ということで、アナキズムの精神だ。ビラをまいたら、クソしてねやがれ。

この酔い心地だけは

そいじゃ、もういちどパリのメーデーのはなしにもどっておこうか。なんで、あいつらあんなことをやっていたのか。たぶん、かれらがいっていたとおり、先頭をとるってことだったんだとおもう。さっきもいったけど、デモってのは、どうしても政府がやっていることがおかしいから、物的な圧力をかけるってのがあるわけだ。主催者が号令をだして、みんなで街中に長蛇の列をつくって、こんだけのひとがうごいてんぞってのをみせつける。でもそれだけだと、主催者がいったことにはみんなしたがえみたいな権力がうまれてしまうから、それでなかには、デモのとちゅうでとつぜんダッシュしはじめたり、グニャグニャグニャって、ジグザグのうごきをはじめたり、路上を占拠してみたり、モノをこわしたり、燃やしたりするひともいたわけだ。したがわねえぞと。

　だけど、こんかいのはそれにとどまんない。だって、のっけからデモの先頭をとってマクドナルドを焼き討ちにして、警官ともみくちゃになって、パンパーンッてなっちまったんだからね。デモの「はじまり」をつくらせないってんだろうか。暴動にはじまり、暴動におわる。しかも、燃えさかるマックをまえにして、群衆がさけぶのは「みんな警察がキライ」、そして「フェミニズムはおわらない」だ。メーデーもクソもヘッタクレもない。あきらかに、そこにやってきた理由っていうんだろうか、自分たちの「根拠」をみうしなっている。だけど、そうやって脳天がふりきれちまった群衆ってのは、もう無敵なんだ。火をまえにしてはしゃぎまくっていたそのすがたは、もはやひとでありながら、ひとじゃなくなっている。オレ、ケモノってね。火のついた猿、火のついた猿。手に負えない。

　しかも、そのわけのわかんない力ってのは、一二〇〇人の黒い子たちだけじゃない、デモがとん挫しちまって、うちらなにしにきたんだろうって、目的をみうしなった人たちの心にも火をつけたんじゃないかとおもう。じっさい、すげえ保守的な労働組合のおっさんたちでも、いざその場にでくわしたら、十代の黒い子たちが警官にぶったたかれているようすをみて、おもわずたすけにかけよるとか、そういうことがあったんだそうだ。みんな警察がキライ、みんな警察がキライ。ファック・ザ・ポリス、ファック・ザ・ポリス。ファックにいこうぜ、好兄弟《ハオ》！　ファックに燃えよう、好兄弟！　燃やせ、燃やせ、燃やせ。あんたもわたしも、あそこのあの子も、身体がどんどん燃えていく。どんどんどんどん燃えていく。壊してさわいで、燃やしてあばれろ。猿、猿、猿、そしてさらなる猿の登場だ。えっ、そんなのいっときのことでしかないでしょうって？　そうかもしれない。でもそれでもいい。たったいちどでもその味をしめたなら、あの火のついた猿たちがわすれることはないだろう。ウッキャッキャッキャッキャッキャーーーッ!!!　うれしい、たのしい、きもちいい。オレ、すごい。オレ、すごい。オレ、オレ、オレ、オーレイ！　ケモノになったわたしたち。この酔い心地だけは。

＊

さあて、アナキズムってなんなのか、うっすらとでもかんじていただけましたでしょうか。じゃあじゃあ、まえおきはこのくらいにしてそろそろ本題にはいりましょう。せっかくいま原発のはなしをいたしましたので、「環境とアナキズム」みたいなテーマからはじめてみましょうか。チャンチャンチャンチャチャチャーン、チャンチャチャチャチャチャチャーーーン♪　チャーンチャーンチャチャチャーン、チャーチャチャチャチャチャチャチャチャーーーン♪　いくぜ、エコ・アナキズム！

第1章
自然とは暴動である
——エコ・アナキズムの巻

風がかたりかける、うまい、うますぎる

いや〜、あついさ。目下、気温は四〇度。暑い、暑すぎる。しかしね、あいかわらず日本ってやべえなとおもったのは、テレビをつけると、どこもかしこも温度計をだして、「この暑さはキケンですね。熱中症には気をつけましょう」ってやっているのだが、どのチャンネルにかえても、このあつさの原因がどこにあるのかとか、そういうはなしにならないってことだ。いやさ、ふつうだったら、これ異常気象でしょう、地球温暖化じゃん、気候変動じゃん、こりゃさすがにCO2（二酸化炭素）削減しないとやばいよねってはなしになるとおもうんだ。

でもさ、これがまったくならないんだよね。クールジャパン。いやほんとはね、地球温暖化やばいよ、やばいよってなってから、なんかやたらと危機感をあおって、おまえら地球をまもるためには、ああしろ、こうしろっていうやつらがでてきてしまって、こりゃまずいぞってなったときに、アナキストの出番がやってくるんだ。テメエら、エコ、エコってうるせえんだよ、したがわねえぞォってね。もちろんエコロジーをふみにじるやつらってのかな、国家でも企業でも、カネのため、経済のために、へいきで環境破壊をするやつらがいたら、このやろうって

いってたちあがるのがアナキストなんだよ。でもそれでもだ。たとえエコでも支配はいらねえ。それがエコ・アナキズムだ。だから、ちょっとさきまわりしたはなしになるかもしれないが、だいじな問題なんで、このあたりからはじめてみよう。

まずは脱線だ。さいきん、これぞエコ・アナキストっていうひとのはなしをきいたので、かんたんにご紹介してみたいとおもう。そのひとは、おいらと同年代の女性で、山形県在住。おいらのしりあいにしては、めずらしくちゃんと仕事もできるひとなんだが、これがまた自分の身体にめっちゃストイックなんだ。どうしてなのかというと、かの女はこの世のなかの支配の根っこには、食生活があるって考えている。ほんとうは、ひとがなにを食って、どうやって生きるかなんて、自分できめりゃいいだけのことなのに、いまの世のなかじゃ、みんながみんなおなじように、これだけの栄養をとらなきゃいけない、これだけいろんな種類の肉だの、野菜だのを食べて、これだけのエネルギーをつくりださなきゃダメなんだっていわれている。

だけど、それがあたりまえになっちまうと、さすがにそんないろんな食いもの、自分だけじゃまかなえないから、そりゃ、みんな農家や酪農家をたよらざるをえなくなるし、それこそみんながそうせざるをえないんだったら、もう工業製品みたいに、野菜も肉もジャンジャンつくってもらわなきゃいけなくなる。で、それを買うためには、大型スーパーをおったてて、物流のためにデーンッとおっきな道路をしいて、トラックでもダンプカーでもビュンビュンとばしてはしってもらわなきゃいけない。そしてなにより、こっちだってそんだけの食料品をゲットするには、めっちゃはたらいて、めっちゃカネをかせがなきゃならないだろう。そこまでいくと、もう自分の身体を自分でなんとかするなんていってられない。どうしても、おっきな企業だの、インフラだの、それを整備する国家だのにたよらなきゃ生きていけないことになってしまう。不自由だ。

それでかの女はおもったわけさ。ひとは食べるということにふりまわされなければ、執着《しゅうちゃく》しなければ、もっと自由に生きられるんじゃないのか。テメエのことはテメエでやれ。自分の身体がどこまでやれるのかためしてみようと。実験だ。で、不食ってのをはじめたんだ。さいしょは太陽光だけでも生きていけるっていう本をよんで、やってみようとおもったんだけど、ちょっとそれじゃきびしすぎる。てなわけで、まずはフルーツだけで生きていこうと。なにせ、山形在住だからね。うまいもんはいっぱいある。イヤなことをやるってかんじでもないわけさ。しかもやってみたら、ぜんぜん元気。風邪もひかない。ピンピンしてるんだ。こりゃいける。

そうおもって、数年間、フルーツだけで生きてきた。でもね、これはほんとうに、ついさいきんのことなんだけど、どうも自分で自分に疑問がしょうじてきたんだそうだ。不食にこだわっているわたしってなんなのさってね。だって、これまで、あれを食べなきゃいけない、これを食べなきゃいけない、これだけ食べなきゃいけないっていわれてきたことに、不自由さをかんじて、だったら食わねえぞ、このやろうと不食をはじめたわけだ。だけど、フルーツだけで生活することがあたりまえになってしまうと、気づけば、そういうただしいことをやっている自分に執着してしまっている。たとえ自分の身体がほかにもとめているものがあったとしても、無意識的にそれはダメなんだといっておさえつけてしまうんだ。不自由である。もっと自分の身体の可能性をためしてみたい。で、かの女はあることを決意した。そう、ちょっと食べちゃおうかってね。

じゃあ、なにを食ったのか。かの女はまっさきにコンビニにむかう。そして買ったんだ。コンビニおにぎりを。ムシャムシャ、ムシャムシャ、ゴックン、ゴクリ。おにぎりを食べる。アァァ、アアアァァァッ!!! 風が語りかける、うまい、うますぎる。とまあ、そんなはなしだ。いちおうちゃんといっておくと、これでフルータリアンをやめたわけじゃないよ。あくまで、あたらしい身体の実験をしたってまでだ。でもそれができる、あたらしい自分がありうるんだってわかったかの女は、ものすごい力と自信を手にしていたんじゃないかとおもう。ディス・イズ・プライド、イヨーシッ！ そりゃね、おまえいっていることとやっていることがちがうぞってひともいるかもしれない。でも、そうじゃない。他人によって強《し》いられた生活をするんじゃない、自分で強いてきた生活をするでもない。自分でも予想していなかった自分でありうる、そういう力があるってことをこの身体でつかむんだ。自分をこえろ、そんでもって、さらにそのさきまでつきすすんでやれ。コンビニおにぎり、マジサイコー！

いやね、なんでこんなはなしをしたのかというと、アナキストっていうのは、だいたいそういうもんじゃないかとおもっているからだ。たとえば、さっきの地球温暖化のはなしでいえば、アナキストってのは、企業がボロもうけするためにとんでもねえ森林破壊をはじめたら、ふざけんじゃねえぞっていってたちあがるんだ。それこそ「木守り」みたいに、森にはいっていって自分を木にしばりつけ、「きれるものならきってみやがれ〜ッ！」ってのをやってみたり、あるいは街なかでデモでもなんでもやってみたりね。でも、たいてい街頭でテンションがあがったら、おやおや、車があるぞ、環境にわるそうだァっていって、ムダに火をつけたりしてしまう。警察車両からはじまって、そこらにある高級車をジャンジャンとね。で、結果としてみたら大炎上。CO_2がガンガン排出されている。じゃあ、それで、おまえらいっていることとやっていることが矛盾しているじゃんっていわれたら、アナキストはなんていうのか？かんたんだ。ドン・シンク・トゥワイス、イッツ・オールライト。ヒャッハー！

あるいは、序章でもいったけど、けっこうデモがあったりすると、アナキストはマクドナルドに投石したり、火をつけたりするわけさ。そりゃマックっていえば、わかい子でも移民でも、世界中どこでもバイトをむっちゃ安くコキつかっているわけだし、それこそ食生活ってことでいえば、ほんらい生き物であるはずのウシだの、トリだのを工業製品みたいに大量飼育して、大量にブチ殺して、さらに添加物をガンガンつかいまくって、人間の舌をマヒさせて、もっと食べたい、すぐに食べたいっておもわせてボロもうけしているわけさ。モォモォ、モォモォ、コケコッコー！

だから、そりゃ火くらいつけてやれよってはなしなんだが、でもね、そういいながらも、たまに朝まで友だちと飲んで、ハラへった、でもポッケには小銭しかねえ、そして目のまえにマックがアってときがあったら、朝マックとかやっちまうわけさ。グシャグシャ、グシャグシャと、マックグリドル・ソーセージエッグをくらう。こりゃうめえ。でも、それでおまえらおかしいぞっていうやつがいたら、どうこたえるのか。かんたんだ。ドン・シンク・トゥワイス、イッツ・オールライト。ヒャッハー！

なにがいいたかったのかというと、こういうのを倫理的にツメちゃダメなんだってことだ。もちろん、「カネによる支配」はイヤなんだ。カネがなきゃ生きていけない、カネをくれるひとがいなきゃ生きていけない、おっきな企業がなくちゃ生きていけないって、そうおもわされちまったら、カネをもらうためにはなんでもいうことをききますよ、ハハァーってなっちまって、奴隷みたいな人生をしいられる。それが市民のモラルだ、ただしい生きかたなんだっていわれてね。で、そんなのクソだぜっておもうから、カネなんかなくても生きていける、ウーラーッ！って、不食でも自給自足でもマック焼き討ちでもなんでもやって、イヨーシッ、オレたちいけるぜっていって、力や自信をとりもどしたりするわけだし、それはそれでだいじなことなのだが、でもだからといって、そこに逆ばりのモラルをたてるようじゃ、ダメなんだってことだ。

だって、この世界を変えるためには、エコな生活じゃなきゃいけないんだっていって、マックにいくなとか、肉を食っちゃいけないとか、コンビニをつかうなとか、添加物まみれの食いもんをくうなとか、そんなただしいことをいわれたら、めんどうくさいでしょう。カネ、カネっていわなくなっただけで、けっきょくただしいモラルや生きかたを強いられちまう。しかも、そうやってエコ、エコっていっている連中ってのは、それがぜったいにただしいっておもっているぶんだけ、使命感がつよいんだ。マジこわい。ただしくあれ、ただしくあれ。エコな規律をまもって生きろ。そんなことをいわれていたら、車ひとつ燃やせなくなっちまう。きっとマック焼き討ちなんて、とんでもないっていわれるだろう。CO2が排出されちまうからね。チャッハハ！

ほんとのところ、だいじなのはこれだけだ。いつだって、なんどだって、これがただしいっていわれている生きかたをぶちこわすことができるかどうか。あたらしい生をつかみとれるかどうか。たとえ、それが予想外の結果をもたらしたり、マジっすか、それ大失敗じゃんってなっちまったりしたとしてもね。かまわずにやれ。おいら、マジメだからもう一回、いっておくよ。ただしいモラルをふりかざして、はじめからなにもおこらないようにしてしまうのはもうやめよう。だれかが失敗したら、おまえがわるい、おまえがわるいっていって、よってたかって問いつめて、謝罪させようとするのはもうやめよう。こりゃダメだァっておもったら、ヒャッハー！っていって、わらいとばせばいい。いつだって、こころの奥底にそういうユーモアをもっていることができるかどうか。きっとそれが、なんどでもあたらしい自分にであえるかどうかの分かれ道なんだとおもう。風がかたりかける、うまい、うますぎる。コンビニおにぎり、マジサイコー。全身全霊で大失敗だ。ディス・イズ・プライド、イヨーシッ！

ついでに、おいらはおっちょこちょい
野蛮人は気まぐれだ

もうちょっと、いまいったことをほりさげてみよう。なんでかというと、それが人間にとっての自然をあらわしているとおもったからだ。いやね、さいきん、人類学者のエドゥアルド・ヴィヴェイロス・デ・カストロの『インディオの気まぐれな魂』(水声社)って本をよんでみたんだ。そしたら、これがめちゃくちゃおもしろくてね。いまいったはなしともつながってくるんで、ちょっくらご紹介してみよう。

この本で、ヴィヴェイロス・デ・カストロは一六世紀、ブラジルの先住民のはなしをしている。インディオだ。当時、布教にやってきたポルトガルの宣教師はこのインディオをディスりまくっていた。この野蛮人どもは、オレたちのありがたいおしえなんかまったくわかっちゃいない、こいつらにはやることなすこと一貫性がないんだ、こいつらの心のなかには、これっていう一本の筋ができないようになってるんだ、こいつらは普遍性ってもんがなんなのかまったくわかっちゃいない、こいつらは世界中のあらゆる民族のなかで、もっとも無作法で、もっと

も恩知らずで、もっとも気まぐれで、もっともへそ曲がりで、もっとも教え難き者たちであると。なんか、宣教師がそんなこといっていいんですか、なにが神だよ、このやろうっていいたくなっちまうくらい、えらいディスりようだ。アーメン！

じゃあ、なんでそんなことをいっていたのかっていうと、どうも宣教師たち、インディオにキリストのおしえを説くと、みんな、いやあ、そんなすばらしいおしえがあるんっスか、いやあ、いいっスね、いやあ、隣人愛、ああすばらしい、いやあ、禁欲、ああ、すばらしい、いやあ、勤労、ああ、すばらしい、イエス、イエス、イエースッ！っていう反応だったわけさ。で、すぐにみんなキリスト教に改宗してくれる。だから、さいしょは宣教師たちも気をよくしていたわけさ。なんだ、このものわかりのいいやつらは、サイコーじゃんってね。しかも、これが文明的な生活なんだよっていって、定住農耕をおしえてやったりすると、ああ、それはすばらしい、イエス、イエス、イエースッ！ていって、狩猟採集をやめて、農業にうちこんだりする。

だけどだ。ある日の夜、宣教師が外にでてみると、インディオたちがワインを飲んで、ベロッベロに酔っぱらってさわいでいる。しかもね、なんか、みたこともない肉を、ウヒョオ、こりゃうめえとかいって、グシャグシャと喰らっている。宣教師が、なんだ、その肉は？ってきくと、インディオたちはこういうんだ。人肉っス。ガーン!!! びっくらこいた宣教師。ダメだ、それは神のおしえに背くことなんだっておしえさとすと、インディオたちもびっくらこいて、ええー、そうだったんっスか、イエス、イエス、イエースッていって、食うのをやめる。それでようしわかってくれたかとおもって安心するのだが、またある日、みにいってみると、こんどはだれもいない。はたらいていないんだ。あれ？　きけば、みんな戦争にいっちまったんだという。で、また怒っておしえさとすと、インディオたちは、ああ、そうだった、イエス、イエス、イエースッてなるわけさ。

そんでね。やっとおちついたかとおもっていたら、またある夜のこと、ワインを飲んで、バカさわぎしているから、まさかとおもってみにいってみたら、ウヒョオ、こりゃうめえとかいって、人肉を喰らっているんだ。ガーン!!!　で、なにやってんだ、テメエらってしかると、イエス、イエス、イエースッていって、またやめる。そしてまたある日、みまわりにいくと、みんな戦争にでて、仕事をしていないんだ。そんでもってまたしかる。イエス、イエス、イエースッ！　なんどもなんども、おなじことをくりかえす。なんどいってもしたがわない。わかっちゃいるけど、やめられない。とまらないんだ。てゆうか口じゃみんな、ああ、わかりました、イエス、イエス、イエースッていうわけだからね。どうあつかったらいいのかわからない。たちがわるいんだ。こいつらオレをバカにしているのか？　野蛮人は気まぐれだ。ついでに、おいらもおっちょこちょい。イエースッ!

いやね、宣教師たちはそうやってインディオをディスっていたわけだけど、でもよく考えてみるとちがうよねって、ヴィヴェイロス・デ・カストロはいうわけだ。どうも宣教師が人肉を喰らっているインディオにはなしかけたとき、そのインディオがこういっていたらしい。もはやオレは人間じゃない、ジャガーだ! これはうまいぞってね。えっ?っておもうひともいるかもしれないが、そういうことだ。人肉を喰らう人間は、もはや人間じゃない、ケモノだ。オレはケモノになったんだ、ケモノの力を手にしたんだァってね。これまで自分にはできないとおもっていたことができるようになる、人間にはできないっておもっていたことができるようになる。自分をこえろ、人間をこえろ。自分がもうなんなのかわかんなくなるくらい、あたらしいぶっとんだ身体をつくりだせ。ケモノだ、オレはケモノになったんだァ、オレすごい、オレすごい、オレ、オレ、オレ、オーレイ! 手に負えない。

ヴィヴェイロス・デ・カストロは、そうやってなんどでもダメだとわかっちゃいてもやめれない、とまらない、それでも自分を、人間をこえていこうとするのがインディオなんだといっている。たえざる自己変形の欲求だ。メタモルフォーゼ! じゃあ、なんでキリスト教をうけいれたんだっていうと、これもおなじなんだという。いちど、これまでの信仰を捨ててみて、あたらしい信仰に身をゆだね、あたらしい生活にいどんでみる。それはそれで、あたらしい自分にかわっているからね。オレにはあんなこともできたのか、こんなこともできたのかとおもわせてもらえるんだ。イヨーシッ、やったれ、イエス、イエス、イエースッってね。でも、いざそういう生活をはじめると、キリスト教のもとで、あれやっちゃダメ、これやっちゃダメ、ダメ、ダメ、ダメ、ぜんぶダメっていわれて、しちめんどくさくなっちまう。そしたらまたやっちまうわけさ。例のバカさわぎをね。それこそ、酒を飲んでスイッチがはいったかのように食肉をはじめてしまう。覚醒だ。

まあまあ、ヴィヴェイロス・デ・カストロがいっているのは、そんなところなんだけど、おもしろいなっておもったのはさ、これが人間にとっての自然をあらわしているってことだ。とかくひとってのは、文明社会を前提としてものを考えがちだ。古代国家のイメージっていってていいだろうか。みんなで一か所に定住して、水田稲作だのなんだのをやって生きていく、そうすれば、めっちゃたくさん収穫できるぞ、そうすれば、めっちゃたくさんひとを養えるぞ、もっとやれ、もっとやれ、大量生産だァ、みんなそのために、がんばってはたらいていきましょう、勤労、だいじと、ひとはそうやって生きていくのがあたりまえだ、それがただしい生活なんだといわれてね。

ほんとは農民が定住していて、わかりやすく稲穂がなっていたら、権力者が人口と収穫高をはあくして、年貢を収奪しやすいってだけなのに、大量生産したら年貢の量がふえるってだけなのに、いちどそういうただしい農民規範ってのかな、アイデンティティがかたまっちまうと、みんなとおなじようにはたらけなかったり、はたらかなかったりするやつらが、めっちゃディスられるようになる。こいつらクズだから、ろくでなしだから、生産性がないからなにをしたってかまわない、排除しろってね。しかも、そういうのを権力者がいうだけじゃない、農民みずからいいはじめるから、またたまんない。

でだ。だからこそ、その規範をなんどもなんども素でやぶっちまうブラジルのインディオたちは、さんざんないわれかたをしていたのだが、ほんとのところ文明社会なんて、たかだかこの五〇〇〇年くらいのはなしである。人肉を食べるのがいいかどうかはべつとして、文明以前からみんな、ただしくなんてなくてもいい、大失敗してもかまわないから、あたらしい自分に生まれかわろう、あたらしい生きかたをつかみとろうってやってきたわけさ。それが自然だ、自然人だ。でも、そういう生きかたがこの腐った文明社会では、野蛮人だの、野生人だの、未開人だのっていわれてディスられる。チクショウ！　だから、あえてこんなふうにいっておきたいとおもう。文明なんていらねえんだよ。ただしい生活も、ただしいアイデンティティも、勤労も、禁欲も、ぜんぶまるごとクソくらえだ。よりよくなれはクソくらえ。野蛮人は気まぐれである。ついでに、おいらはおっちょこちょい。人間を自然化せよ。アーメン！

われわれの任務は、「人間化された自然」をぶちこわすことなのでございます

もしかしたら、えっ、自然ですか、なんかそれアブなくないっスかっておもうひともいるかもしれない。だって自然って、支配のことばとしてもつかわれてきたからね。たとえば、女は家のことをするのがあたりまえ、それは「自然」なことなんだとか、天皇は現人神《あらひとがみ》だ、臣民を支配するのはあたりまえ、それは「自然」なことなんだっていわれたりする。でも、そういう「自然」ってどうなんだろう。文明の産物ってのかな、古代国家ができたあとの発想なんじゃないか。男が女を、天皇が臣民を、奴隷みたいにコキつかいたいから、それがただしい生きかたなんだ、「自然」なんだっていっているだけのことなんじゃないのか。そんなの、自然でもなんでもない。めっちゃ人工的だ、人間による人間の支配があるだけだ。だから、ていねいにこういっておこうか。われわれの任務は、「人間化された自然」をぶちこわすことなのでござ

います。オース！

じゃあ、おまえのいう自然ってなんなのかって？　そりゃ、ごく身近な自然のことだよ。ギラッギラした太陽だとか、ピュウピュウとふいてる風だとか、チョロッチョロとながれてる川だとか、いつもデシデシふんづけている土だとかね。そういうもんなんだけど、もうちょい理論的なこともいっておいたほうがいい気がするので、やってみましょうか。オース！　さいきん、アメリカ在住のアナキスト、高祖岩三郎さんが自然について、ものすごくわかりやすい定義をしていたので、ちょいと引用してみよう。

> 自然、それは、わたしたちにとって、もっとも身近（身体）にありながら、どこまでも拡張し、かつ収縮する実在（宇宙）である。優しく繊細（滋養の因）だが、絶大な破壊力（天変地異）を秘めている。既知性として表象され（進化の法則）ながらも、未知の怪異（突然変異）を含んでいる。崇高な対象（環境）と呼ばれながら、安価な商品（資源）に貶められている。回復不能なところまで傷つき疲弊している（環境汚染）が、それでも尽きせぬ自己／共産出（auto/synpoiesis）の潜在力である。それは、わたしたちが、意識せずにそう在り、かつ志して成りえるものの全てである。そして最終的に、諸力が対決し交差しながら配合されてゆ

く不可視の全体であり、どのような法則も主観も統制しえない生成である。

（高祖岩三郎「自然という戦場」『ＨＡＰＡＸ』vol.9、夜光社）

自然ってのは、なんの見返りももとめずに、無償で生きとし生けるものにめぐみをあたえ、生命をはぐくんでくれている。でも、そうおもっていたら、とつぜん大災害をまきおこして、そのすべてをぶっ殺してしまう。なんでそんなことすんのかわかんない、理由なんてない、予測不能だ、手に負えねえ。でも、そうおもっていたら、その災害がだれも予期していなかったようなめぐみをもたらしていたり、あたらしい生をはぐくんでいたりする。なにもいえない。それが自然だ。

でね、こういうはなしをしていると、どうしてもおもいだしてしまうのが、二〇一一年の東日本大震災だ。たとえば、宮城県の南三陸だったら、もともと海のめぐみもあって、魚がガンガンとれたし、カキもホヤもワカメもいっぱいとれていた。ありがたい。でも、そうおもっていたら、あの大地震。ありえないくらい、どでかい津波がおこって、一瞬のうちにすべてがおしながされてしまった。人間ともどもね。チキショウ！

でも、これはさいきん、宮城出身の友人からきいたはなしなんだけど、津波ってすげえもんでね。デーンッと、いっさいがっさいをおしながしちまったもんだから、それで海の汚れがあらいながされたらしいんだよね。そんでもって水質がやたらとよくなっていて、そいじゃとおもって、カキやホヤの養殖を再開してみたら、異様にそだちがいいんだ。それこそ通常の三倍速とか、四倍速でそだっちまう。しかも、土壌のいれかえもおこったもんだから、土といっしょに、ほんらいいるはずのなかったワタリガニがピョンピョコでてきたらしいんだ。ちょっとってレベルじゃないよ。大量繁殖さ。これがまためっちゃうまいらしくてね。そういう予想外のことがガンガンおこっているんだという。

もちろん、こんかいの震災の場合、放射能の問題もあるから、それでよかったですねとはいえないのだが、でもそういうのもひっくるめて、自然ってのをあらわしているんじゃないかとおもう。なんでそんなことをするのかわかんない、理由もなけりゃ目的もない。でも、ああ終わった、死んだ、もうダメだァっておもったその瞬間に、予想もしていなかったような、あたらしい生がうみだされている。いつだって、なにをしでかすかわからない。手に負えない、制御できない、あばれる力だ、暴動だ。自然とは暴動である。そんでもって、つきせぬ自己産出だ。オース！

でさ、これ人間の身体もおなじなんだよね。いやさ、おいら震災のときはびっくらこいちまってね。埼玉の実家にいたんで、被害にあったわけじゃないんだよ。そうじゃなくて、家でずっとテレビをつけて、津波でひとやモノがながされていくのを、何時間もずっとみてたんだ。そしたら、あたまスッカラカンになっちまってさ。だって、みんなそこで将来をみすえて、いまはがまんして、ああしなきゃ、こうしなきゃっていって生きていたわけだろう。それなのに、いまやりてえっておもったこともやっていないのに、一瞬でそのすべてがふっとばされちまったんだ。それもすさまじい人数のね。そうおもったら、おいらも、ああ、終わった、死んだ、もうダメだっておもえてきてね。どうせひとは死ぬのである、いつ死ぬかもわからない、ああ、なにをやってもムダなんだって。

でも、ふとわれにかえったら、まったく逆のことをおもっていた。どうせひとは死ぬのである、だったらいま死ぬつもりで生きなきゃダメじゃないか、将来のためにいまを犠牲にするのはもうやめよう、全身全霊で大失敗だ、いくぜってね。じっさい、序章でもいったけど、それまでおいら若干だけど、大学で定職につく努力はしていてね。いまみたいなヘンチクリンな文章はかいちゃいなかったんだ。いまはガマンだっておもいながら、自分のおもいはおさえて、客観的にみえる文章をかいていた。だけど、そんな努力はヒョイと捨てちまったよ。あとさき考えて文章なんてかいてられっか、イヨーシッ、ビラだァ、一〇〇枚、一〇〇〇枚、クソみたいなビラをかきまくってやれってね。そしたら結果、日々無職。あっ、いまは週一日だけ、はたらいているんだけどね。はたらかないで、たらふく食べたい。

もちろん、はじめからのぞんでそうなったわけじゃないよ。そりゃ津波なんて、だれものぞんじゃいないからね。でも気づけば、それまであたりまえだとおもっていた自分がふっとばされちまって、ほんとうに奇妙な、それこそ自分でもおもってもみなかったような、あたらしい自分がうまれている、ポンッてね。なんでそうなったのかわからない、いいもわるいもわからない。でも、この身体をそうさせてやまない力がある。手に負えない、制御できない。それが自然だ、自然になるってことだ。きっと震災直後、おいらとおんなじことをかんじていたひとは、けっこうおおかったんじゃないかとおもう。自然とは暴動である。なんどでもなんどでも、ふりだしにもどって生きていきたい。

アントロポセン時代の統治 プリウスにのれば、温暖化は解決できる？

そいじゃもうちょっと展開してみましょうか。自然ってのは、だいたい、いまいったようなもんなんだけど、でも問題は、その自然を人間がコントロールできるっておもっているやつらがいることだ。カネもうけのために、自然をたんなる資源としてあつかって、いくらでも好きにつかっていいんだっていって、ガンガン環境汚染をしていって、とんでもない事態をひきおこしているやつらとかね。こういうのを考えていくのに、さいきん、おもしろいっておもっているのがアントロポセン（人新世）だ。氷河期のあと、一万一七〇〇年まえにはじまった完新世がおわりをつげて、あたらしい地質時代がはじまった。「アントロポス」ってのは、「人間」って意味なんだけど、産業革命以降、その人間のやってきたことが地層にまで痕跡をのこすようになった、なかば恒久的に地球に影響をあたえるようになった、あたらしい時代がはじまったんだと、それがアントロポセンだ。

あっ、いい意味じゃないよ。たとえば、プラスティックだとかコンクリートだとか、人間が土にもどらないものをガンガンつくっちまったから、それがただただ今後も蓄積されつづけていく、もうどう処理したらいいのかわかんなくなっている。あるいは、核兵器や原発のせいで、放射能がめっちゃくちゃにまきちらされているから、それが生態系にどんな影響をあたえるのかわかんなくなっている。さらにやばいのがCO_2だ。人間は、ほれ大量生産だ、ほれ経済をまわしていくぞっていって、化石燃料をつかいまくって、ガンガンCO_2を排出してきたから、そのせいで温暖化がすすみ、もうとりかえしがつかないところまできている。どうも地球四五億年の歴史のなかで、六度目の大量絶滅の危機まできているらしい。人間がやってきたことが、もう人間には手に負えないところまできている。カタストロフだ。ヒャッハーッ！

だから、文明の帰結なんだっていえばいいのかね。古代国家のころから、とにかく大量にモノをつくりやがれっていって、その目的のために、ひとを、自然を、たんなる資源とみなして、いくらでもつかってきたわけだけど、そのツケがまわってきたんだ。だけど、さっきいったように、人間というか、この世界の支配者たちがおっかないのは、さんざん、やばいよ、やばいよ、カタストロフだ、大量絶滅だァっていって危機をあおりまくって、みんなをガーンッ!!!ってあたま真っ白にさせておいて、かんぜんに思考停止にさせてから、こういってくることだ。じゃあ、人類が唯一生きのびる方法はこれでしょう、みんなちゃんとしたがってくださいね、したがわないやつは人類の敵ですよって。この期におよんでまた支配だ。けっきょく、ひとは資源みたいに動員される。非常事態なんだからしかたがないだろうってね。戦争かよ！

しかも、そこでいわれている内容がひどいんだよね。たとえば、国家ぐるみでCO2を削減するぞっていったら、だいたいこうなるわけだ。原発を増設しましょうと。これなら、CO2がでませんから、エコでクリーンなエネルギーをつくれますよってね。おいおい、それべつの非常事態でしょうっておもうのだが、まあまあ、こんだけ事故った日本で原発がなくなんないわけだからね。狂ってるぜ！

でさ、さらに狂ってんのが成層圏エアロゾル注入（ＳＡＩ）だ。これ、温暖化対策のために気候工学の研究者が考えたやつなんだけど、すげえんだ。ミサイルをうちあげてドカーンッてやるのかなんなのかしらないが、太陽光をさえぎり地球の冷却効果があるっていわれてる硫酸エアロゾルを大気中にバラまく。冗談っスかっていいたくなるが、マジらしい。いちどやると、とめるときに急激に気温があがっちまうからやめられない、しかもやたら降水量がへるらしくてね。東南アジアやアフリカがヤバイらしいんだが、先進国はおかまいなしだ。これ以上、危機をあおられてたらマジでやらかすかもしれない。暑い、暑すぎる。こうなりゃ、地球にミサイルをぶちこんでやれ⁉ よっ、ロケット・ボーイ！ イッヒッヒ。おっと、わらっちゃいけねえ、トンデモネエ。狂ってるぜ！

それにね、こういうトンデモなことをいわれていると、企業がいっていることがちょっとマトモにみえてしまうのがまたこわい。こりゃ危機だ、危機だァってさんざんさわいでおいて、じゃあ、これからは省エネの家電製品を買いましょう、ちょっとたかいけど、いいのは地球にやさしいですからね、はい、エアコンを買いかえましょう、はい、冷蔵庫、はい、パソコン、これならいくらでもつかっていいっすよと。あるいはエコカーだ。やっぱプリウスでしょう、この車だったらいくらのってても大丈夫ですよ、地球にやさしいですよ、みんなの役にたってますよ、温暖化を解決するということは、プリウスを買うのとおなじことだァってね。カネだ、カネだよ、カネ、カネ、カネだ。カネだ、カネだよ、この世はカネだ。えっ、CO2を削減したかったら、カネかせげって? そんでもってエコ商品を買うんだって? この期におよんでカネもうけかよ。てやんでい、バロチキショウ!

そうそう、ちょっと強調しておきたいのはね。日本の場合、マジでプリウスみたいなのにのっていれば、温暖化を解消できるっておもってんじゃねえのかってことだ。だって、さいしょにいったように、こんだけ異常気象がつづいてんのに、気候変動どうなってんだよってさわがれないわけだからね。でもさ、たいして危機感もねえのに、みんな、エコカー、サイコーっス、ハイブリッドカー、サイコーっスといって買ってんだ。何百万円もするのにね、ヘヘッ。おっと、またわらいそうになっちまった。

でも、これ異常でしょう? いやさすがにね、日本でもそこらのひとに温暖化は問題だよねってきけば、ハイ、そうですねっていうレベルではあるわけだ。でも、はなからべつの危機言説にあたまイカれちまってるってのかな。経済がまわらなきゃ生きていけない、経済さえまわれば生きていけるってどっかでおもわされている。だから二〇〇〇年代、もう経済成長なんてないんですよ、リストラ、無職あたりまえっていわれたときは、みんな、ガーンッ!!!ってあたまを真っ白にさせられたわけさ。経済の非常事態だ。

でも、そんなときに企業がいいはじめる。じつはいま地球の危機なんっスよ、だけどそのおかげであたらしいビジネスチャンスがやってきました、ようし、これで経済をまわせますぜィってね。で、みんなこれにオーマイガーっと、とびついちまうわけさ。地球環境はまもらなくちゃいけない、だって経済がまわらなくなっちゃうからねって。なんか転倒している。でもそれでほんとに、みんなエコ商品をバカスカ買うわけさ。気候変動になんか興味もないのにね。しかも、いっちょまえに環境への美意識ってのかな、そういう倫理観だけはやたらつええんだ。ゴミをポイ捨てしただけで、めっちゃ怒られるとかね。だって、環境をまもらないと、経済がまわらなくなるから。きっと、これがプリウスをよろこぶ人たちの心理なんだとおもう。プリウスにのれば、温暖化は解決できる。ハイブリッドカーなわけでガソリンはつかってるんだし、車にのればCO2はでるんだけど、そんなことはおかまいなしだ。だって、そうじゃなきゃ、ビジネスチャンスがなくなっちまうからね。狂ってるぜ！

いやさ、この異常なかんじってのかな。ここまでちょっと日本が遅れてるみたいなことをいってきたけど、じつはどこの国もこういうのをもとめてんじゃねえかとおもう。だって、たいしてピンときてもいねえのに、地球のために、環境のために、バンザイ、バンザイっていって、みんな、ジャンジャン、モノを買ってくれるわけだからね。権力者のいうことはなんでもききましょう。そういや、「プリウス」ってのは、「〜にさきだって」っていう意味なんだけど、もじどおりそういうことなのかもしれない。ハイブリッドカーで世界の先駆けだ。危機管理！アントロポセン時代の統治である。えっ、プリウスにのれば、温暖化は解決できる？えっ、ハイブリッドに生きろ？うるせえよ。アナキストは車を燃やす。将来も先駆けもまっぴらごめんだ。そんなもん燃やして、燃やして、燃やしつくしてやれ。オー・マイ・プリウス、アーメン！

エコ、エコってうるせえんだよ

そんでもってさらにやっかいなのは、そういうのがぜったいにただしいんだっておもわれているぶんだけ、みんな倫理的になっているってことだ。しかも、左派的な言説がこういうのとむすびついちまっていてね。たとえば、これは気候変動にかぎったはなしじゃないんだけど、とくに一九七〇年代から、ほれ、大量生産だ、ほれ、大量消費だ、もっとつくれ、もっと売れ、もっとはやく、もっとはやくっていってきた工業化の論理にたいして、中指つきたてて、ファック、ファック、ファ～ック！っていうのはやられてきたわけさ。それまで国家はヒト、モノ、カネのながれをはやめるためにっていってムダに空港をおったてたり、もっとたくさんモノをつくるためにはもっとエネルギーが必要だ、電気をくれ、電気をくれっていって、ガンガン、火力発電所や原発をおったてたてきたわけだけど、さすがに、ふざけんじゃねえっていって、反対したひともいっぱいいいた。

たとえば、いまパッとおもいうかんだのが三里《さんり》塚《づか》闘争だ。もともと、三里塚、成田周辺ってのはめっちゃ農業がさかんだった。でもある日とつぜん、そこに成田空港をつくりますよってって国がいってきて、そんでもってイヤだっていったら、テメエらジャマなんだよ、たちのかないやつは国益に反してるんだよ、非国民なんだよっていって、農民たちを排除しにかかったわけだ。チキショウ国家、マジヤクザ。

で、農民や支援者が警官と大バトルをくりひろげたんだけど、おもしろいのは農民たちのなかに、空港建設の根っこに工業化ってのがあるんだったら、その論理にまるッとあらがっちまおうってひともいたことだ。いまじゃ農業も工場でモノをつくるみたいに、ガンガン農薬をまいて、化学肥料をつかいまくって、安い農作物をガンガンつくらされているけれども、それでいいんですかってね。そんなのひとの健康によくないし、なにより農薬と化学肥料で、土がダメになっちまう、微生物が死んじまうよってね。工業化は大地を殺ス。

で、いいはじめるんだ。土をまもれ、大地をまもれ、地球をまもれってね。それで、三里塚の農民のなかには、うちらは無農薬でいこう、有機農法をやろうっていって、ちょっと値段はたかいかもしれんけど、それを支援者に買ってもらう。そうやって、工業化の論理になんかしたがわなくても生きていけるぞっていうのを、身をもってしめそうとしたんだ。

それにね、おいら三里塚闘争でおもしれえっておもったのは、化学肥料が土をダメにしているんだったら、堆肥でいくぞっていって、農民たちが糞尿をだいじにしたわけさ。で、真夏のクソ暑い日のこと、警官隊が農民をたちのかせようとやってくると、農民たちがウーラーッ！っていって、いきなり自分たちで糞尿をかぶり、とっくみあいにいくんだ。いやあ、真夏だからね、こりゃたまらん。さらにさらにと、農民たちは警官に糞尿爆弾をバンバンとなげつける。これで撃退だァ。てなわけで、糞尿は人民の武器なのでございます。ウンコッ、ウンコッ、ウンコォ〜〜〜ッ！

なにがいいたかったのかというと、それはだいじなんだけどねってことさ。工業化にしたがえ、それなしじゃ生きていけねえぞっていわれていたとしたら、うるせえ、このクソやろうっていって、ぜんぜんちがう論理で生きはじめる。ほんとにウンコになっちまったりね。チャッハハ！　てなかんじで、そういうことができるテメエの力にプライドをもつってのはだいじなんだけど、なんか具体的な文脈からきりはなされて、その生活の論理だけが理想としてたっちまうと、そういうただしい生活ができるようにしましょう、清くただしく生きましょう、もっと清く、もっとただしく、あれやっちゃダメ、これやっちゃダメっていって、ただのモラルになっちまうってことだ。

ほれ、農薬まみれの野菜は食っちゃダメだ、体にわりいぞ、地球にわりいぞっていわれたり、コーヒーでもなんでも有機にかぎるでしょう、よし、フェアトレードだっていわれたり、そっからだんだん、いろんなもんがのっかってきて、食いもんを工業製品みたいにつくっちゃダメでしょう、添加物まみれのメシは食っちゃいけないだとか、だからコンビニごはんはやめましょうよとか、あるいは、ウシさんやブタさんをなめんじゃねえぞ、工場でジャンジャンモノをつくるみたいに、化学肥料だの、ホルモン剤だのなんだのをつかって、ジャンジャンそだてて、ジャンジャンぶっ殺して、よっしゃ、食肉加工だ、よっしゃ、安くてたくさんだ、ほれ、ボロもうけだとか、そういうのはやめましょうよ、動物にだって生きる権利はあるぞとか、だからマクドナルドにいくのはやめましょうとか、もうちょっというひとだったら、肉は食っちゃいけないとかね。

こういうのもう、食いもん以外でもいくらでもいえてしまう。工業化のせいで温暖化がおこってるんだったら、これからはエコでいかなくちゃ、よっしゃ、省エネ、よっしゃ、エコバッグ、よっしゃ、マイハシ。まちがっても、割りばしなんかつかっちゃいけないよってね。ああ、キリがねえ、めんどくせえ。なんかね、こういうのを個人レベルでやってもらうぶんにはかまわないんだけど、そういうやつにかぎって、すげえ他人にキビしいんだ。自分は地球のために犠牲をはらってんのに、おまえらはなんなんだってね。しるか、このやろう!

そういや、いまおもいだしたんだけど、これはもう一〇年以上まえのこと。おいら、なんかのデモにいったとき、なかなか出発しないんで、ひとり公園でタバコをすってたんだ。そしたらテコテコって、女性がよってきてね。ありゃ、ホレられたかなとおもって、ニコッとしたら、これまたすげえ剣幕でまくしたてられてね。「あなた、そのタバコの葉をつくるのに、どれだけ農薬をつかっているかしってますか?」。「わかりません」ってこたえると、こんどは「あなた、そのタバコ、どんだけキケンな化学物質をつかっているかしってるんですか?」ってきいてくるんだ。

で、もういちど「わかりません」ってこたえると、鬼みたいな顔をしていたんで、こりゃダメなやつだなとおもって、あたりさわりなくめっちゃ笑顔で、タバコをポイッて捨てて、あしでゴシゴシとふんづけて、そいじゃって、たちさろうとしたんだけどね、そしたら、いきなりどなりつけられたんだ。「あなたみたいなひとがいるから、ち、地球が……！」。そのさきはききとれなかったんだけど、テメエみたいなのがいるから、地球が滅ぶんだよっていいたかったんだろう。アッチョンブリケ！

だから、いっておきたかったのは、地球がどうこうってやつがいるんだけど、おまえ、なに目線でいってんだよってことだ。けっきょくそれって、おまえが理想としている「自然」を他人に強いているだけのことなんじゃないのか。ただしい「自然」があるっていって、それにむけて、ひとをしたがわせようとしてるだけなんじゃないのか。しかも、そこでもとめられている究極のエコ・ライフがなんなのか、ほんとうのところ、だれもわかっちゃいないから、もっと清く、もっとただしくっていって、延々と自分磨きをさせられるだけなんじゃないか。なんか、むやみやたらと声のでかいやつがしきりはじめて、テメエは地球の敵なんだよっていいはじめたりね。ムチャクチャだ、キリがねえよ、たまんねえ。しかも気づけば、それがあたらしい消費者の美徳みたいにいわれてる。ちょっとたかいけど、地球にやさしいものを食べましょう、地球にやさしい商品をつかいましょう、テッテッテ〜〜、プリウス〜〜、みたいなね。地球市民のいっちょあがりだ。けっきょくカネもち、えらい、えらい。エコロハスだ。エコでオシャレにショッピング。ムカつくんで、こういっておきましょうか。エコ、エコってうるせえんだよ。クソしてねろ。

プリウスか、それとも暴動か

はい、そろそろまとめにはいりましょうか。アメリカのアナキストに、マレイ・ブクチンってひとがいてね。かれは一九六〇年代から活躍していたひとで、それこそエコ・アナキズムの提唱者としてもしられているんだが、このブクチンがいっていることが、これまでいってきたことをうまくまとめてくれるとおもうんで、ちょいとご紹介してみたいとおもう。ブクチンは、環境破壊にコンチクショウっていって、それにあらがうための思想をうちだそうとしていたひとなんだが、そんとき、こういうことをいっていたんだ。ながらくエコロジストを名のる人たちは、「自然vs.人間」という二項対立でものを考えてきたけど、そういう図式はもうやめませんかってね。

ここで言うのは、自然の支配（自然を支配すること）についての私たちのすべての観念が、人間による人間の支配そのものから生じるというソーシャル・エコロジーの洞察のことである。「生じる」(stem)という言葉を用いるこの命題は、その内容の観点から検討しなければならない。それは人間の条件についての歴史的な命題であるだけでなく、社会変革にとっての広範に及ぶ含意をもっている、現代の条件に対する挑戦でもある。歴史的な命題として、それは、人間による人間の支配が、自然の支配という観念に先行していると明確な表現で主張する。実際、人間による人間の支配は、自然の支配という思想そのものを生じさせたのである。（マレイ・ブクチン、藤堂麻理子・戸田清・萩原なつ子訳『エコロジーと社会』白水社）

これいっていること、わかるだろうか？　当時、環境保護活動家には、人間がわるい、人間から自然をまもれ、みたいなことをいっていた人たちがいてね。なかには、人間がおおいから自然環境が破壊されるんだ、だから人口を減少させなくてはいけないんだ、みたいなことをいうひともいた。これ、キケンなのってわかるだろうか？　人為的に、いらない人間を削減しろってことになるからね。えっ、いらない人間？　生産性のない人間は削ってしまえ？　ここまでくるともうファシズムだ。だから、ブクチンはそれじゃダメなんだっていっている。だって、人間っていったって一枚岩じゃないからね。あからさまに、支配関係がある。主人もいれば奴隷もいる、カネもちもいれば貧乏人もいる、男もいれば女もいる。で、だいたいわるいことをやってんのは、その支配者のほうなわけさ。カネもうけのために公害をまきちらしたりね。なのに、人間がわるいといっているだけだったら、その支配関係がみえなくなっちまう。人間による人間の支配だ。

しかもよく考えてみると、人間が自然を支配して、その資源をいくらつかってもいいんだとか、自分の利益のために動員していいんだとかっていうその発想の根っこには、人間による人間の支配があるわけさ。だって古代国家ができてから、ひとは主人と奴隷の関係をつくっちまったわけだろう。奴隷は主人の所有物だから、主人がいかようにでもつかってもかまわない、使いものにならなけりゃ捨てたっていいし、ぶっこわしたっていい。ときどき、あんまり使い捨てをやりすぎて、まわりにもったいないよだなんていわれたりしながらね。資源は有効利用いたしましょうと。

これが人間による人間の支配なんだけど、やっていることは、ひとがひとを所有する、自分のモノにするっていうことだ。でさ、ブクチンがいっているのは、人間ってのは奴隷制になれてくると、それがあたりまえだとおもうようになってきて、だんだん、それが自然なことだとかいいはじめるってことだ。気づけば、もじどおりの自然にもおなじ論理をあてはめはじめている。ほんらい、そこにある自然なんて、だれのもんでもないわけで、ただありがてえっていいながらつかわせてもらう、それがあたりまえのことだったのに、そこに奴隷制の論理がはいってくると、きゅうにみんな、この森はオレの所有物なんだとかいって、オレのモノなんだから、どうつかったってかまわないだろうといいはじめるんだ。そうやって、またボロもうけ。もっとほしい、もっとほしい。資源の有効利用だ。自然の支配は、人間による人間の支配からうまれている。

でさ、この指摘がだいじなのは、環境破壊にたちむかうぞっていうひとたちが「自然」ってことばをもちだすとき、けっきょく、それを資源としてあつかってしまいがちだということだ、人間がコントロールできるものだって考えがちだということだ。これまでひとにぎりのカネもちどもが、この地球っていう資源をムチャクチャにつかってきた。そのせいで温暖化がおこってるぞ。じゃあ、みんなでエコなライフスタイルを実践していきましょう、省エネ、節電、オシャレにショッピング。ちゃんと資源を管理していきましょう、みんな地球市民だよ、この地球の民主的なコントロールだァってね。

でもさ、これじゃ自然を奴隷みたいにコキつかってあんまり酷使しちまってかわいそうだから、さすがにもうちょいまもってあげましょうっていってんのとかわらない。あくまで所有物だ。みんなの自然、みんなの地球。しかも、それが地球存亡の危機とむすびついてるぶんドギツイってのかな。なんかね、自然ってそんなめんどくさいもんじゃないでしょうっていって、マックのハンバーガーをグシャグシャくらっていたり、バカスカとタバコをすっていたり、エアコンをガンガンつけていたり、車を燃やしたり、そういうエコなライフスタイルにそぐわないことをやったら、めっちゃディスられるわけさ。テメエらはこの地球の敵なんだよってね。だから、こういっちまっていいんだとおもう。いまやられているのは、人間による人間の支配だ、それがより強力になっただけなんだ、「地球」ってことばがつかわれて、みんなのためにおまえらしたがえよっていわれているだけなんだと。えっ、それは支配じゃないんですよって？ よりよい支配なんですよって？ おととい きやがれ。

どうしたらいいか。基本にたちもどろう。人間による人間の支配はいらない。人間が自然をコントロールできるっておもったらおおまちがいだ。だってさ、自然ってなにしでかすかわかんないからね。さっきのアントロポセン（人新世）をおもいだしてほしいんだけど、これさ、これからはひとの世だってことじゃないよ。そうじゃなくて、ひとは自然を支配しているっておもいこんで、自然に手をくわえまくってきたわけだけど、人間がつくったもんもふくめて自然になっちまっているってことだ。こっからさき、どう暴走して、どんな惨劇をまきおこすのかもわからない、それがまたどう転んで、どんな生をはぐくむのかもわからない。いいもわるいもヘッタクレもねえ。手におえねえ。アントロポセンってのは、そういう自然の特徴をおもいださせてくれてんだ。あとは、おいらたちがその自然になれんのかってだけのはなしだろう。

このへん、いまアメリカで活躍しているアナキスト、ステファニー・ウェイクフィールドがすげえいいことをいっているんで、引用しておこう。

人新世によって環境の危機が想定されているのをよそに、それよりもはるかに深刻な危機が、つまり、いまや崩壊のなかにあり、それが形成していたものをコントロールすることができなくなった、主体の危機が進行している。「くりかえし立ちもどる場所としての近代的なものは終わった」のだとシューールマンは書く。例としてここで、福島第一原発をとりあげることができるはずだ。

（ステファニー・ウェイクフィールド、五井健太郎訳「ライナー・シューールマンの断層線トポロジーと人新世」『HAPAX』vol.9、夜光社）

ちなみに、ここで近代的主体っていっているのは、これがおまえのただしい生きかただよ、それがあたりまえなんだよっていうやつだ。工業化の時代だったら、ほかのことなんて気にせずに、とにかくはたらけ、たくさんつくってたくさん買え、そういう労働者であれ、消費者であれってね。いまだったら、エコでオシャレにショッピング。そういう美徳をもった消費生活をしていきましょう、そういう環境に配慮できる地球市民でありましょうってのが、もとめられている主体なわけさ。

でも、ステファニーはいうわけだ。そんなのもう終わってんだよ、だって自然は手におえねえんだからねって。じっさい、福島第一原発なんて爆発して、すでに放射能がもれちまってるわけだからね。だのに、なにが環境に配慮だよってはなしだろう。えっ、省エネ？　えっ、節電？　意味ねえんだよ、このやろうと。あるいは、もう政府や東電のエリートだけにはまかせられない、地球市民のおでましだァっていって、原発を民主的にコントロールしていきましょうとか、みんなでその動向をチェックしていきましょうとかいわれたら、もうわらうしかないだろう。民主主義もクソもヘッタクレもねえ。原発はただいらねえんだよ、このやろうってね。

そいじゃ、結論だ。自然とは暴動である。コントロールできない。いつだって、予測不能ななにかをやらかす。気まぐれだ。でね、人間の身体も自然のひとつだっていうんなら、やるべきことはただひとつだ。気まぐれになれ。国家でも、企業でも、地球市民でも、なんでも、その力を統治しようっていうやつがいるならば、ウンコまみれになったっていい、ションベンまみれになったっていい、クサイ、キタナイ、どんとこい。クソでもなんでも武器にして、いつだって、なんどだってたたきつぶしてやれ。われわれは都会のインディオだ。CO2削減ってさけびながら車を燃やし、マックを焼き討ちにしては、マックグリドル・ソーセージエッグをくらう。ウヒョオ、こりゃうめえ。コンビニおにぎり、マジサイコー。

テメエの自然を手ばなすな。テメエの身体を制御させるな、テメエの理想にだってしばらせちゃいけない。なんどでも、なんどでも、ふりだしにもどって生きてゆきたい。ハンパなテメエをブチ殺し、あたらしいテメエになってゆきたい。それができるってことに誇りをもちたい。全身全霊で大失敗だ。ディス・イズ・プライド、イヨーシッ！　自然とはなにか。プリウスか、それとも暴動か。こたえはいつもきまってらあ。あばれる力だ、暴動だ。将来を燃やせ、先駆けを燃やせ。燃やして、燃やして、燃やしつくせ。えっ、プリウスにのれば、温暖化は解決できる？　えっ、ハイブリッドに生きてゆきたい？　クソしてねやがれ。人間による人間の支配はもうたくさん。人間を自然化せよ。自然を脱人間化してやれ。われわれの任務は、「人間化された自然」をぶちこわすことなのでございます。ビバ、エコ・アナキズム！　えっ、人類死滅だって？　地球滅亡だって？　アッチョンブリケ。そいじゃ、またつぎの章でおあいしましょう。チャオ！

第2章
ファック・ザ・ワールド
——アナルコ・キャピタリズムの巻

権力の暴走はアナーキー？

オス、オース、オーースッ、オッス！　ファック・ザ・ポリス！　ファック・ザ・ソサイエティ！　ファック・ザ・ワールド！　みんな警察がきらい、社会はクソだ、こんな世界はいらねえんだよ。イヨーシッ、気合いがはいったぜ。そんじゃ、はじめよう。本章のテーマは、くたばれ、アナルコ・キャピタリズム。もうちょい丁寧にいっておくと、経済はいらないってはなしだ。でも、そのはなしをするまえに、ひとつだけいっておきたいことがある。さいきんのアナキズムのディスられかただ。オス！

なんかさ、おいらトークイベントでアナキズムのはなしをすると、とくに脈絡もなく、こういわれることがあるんだ。「日本でいちばんアナーキーなのは安倍晋三ですね」、「トランプはアナキストってことでいいんですね」ってね。あげくのはてに、日本のネトウヨとか、ヘイトスピーチ団体とか、アメリカのオルタナ右翼とか、そういう輩《やから》もやりたいほうだいやっているし、あれもアナーキーなんでしょうと。ちっ、死にやがれ！　おっと、心の声がでちまったぜ。オース！

まあまあ、そういうときは、顔でわらって心でファックなんだけどさ、ちょっと考えておきたいのは、なんでそんなことをいわれんのかってことだ。だってさ、安倍がやっていることって、憲法をやぶってでも、国民を戦争に動員できるしくみをつくりましょうってことだったり、おまえら潜在的には、みんなテロリストなんだぞっていって、お国にはむかうやつらはいくらでも逮捕っていっているだけのことだし、トランプにしたって、人権だのなんだのと、そんなものはどうでもいいんだっていって、ムッチャクチャに移民を排除しているってだけのことだろう。権力だ。オーースッ!

てゆうか、日本にしても、アメリカにしても、ファシストみたいなやつらってのは、なんかタブーをやぶって、やりたいほうだいやっているかのようにいわれているけれども、やっていることはただのよわいものいじめだ。オレたち日本人は、オレたち白人は、あのクソ外国人どもによって仕事をうばわれちまった、あいつらのせいで生活が苦しくなったぞ、あいつらのせいで犯罪がふえたぞ、あいつらのせいで美しい国がけがされたぞ、あいつらのせいでこの国の景観がそこなわれたぞ、ああ、あいつら死んじまえ、でも、それをいっちゃいけないっていわれている、そうだ、オレたちはこの社会のマイノリティなんだ、オレたちは弱者なんだよォっていって、被害者面して、不法滞在者をたたきだせだとか、この社会を浄化してやれだとかわめきちらしてるんだ。ほんとうは、テメエら、めっちゃマジョリティだろう、カネもちが不法滞在者を安くコキつかってぼろもうけしてきたってだけのことだろうってのにね。ファックでござる。オッス！

だからさ、いいたかったのは、なめんじゃねえぞってことだ。権力の暴走はアナーキー？ただの権力だ、このやろう。ひとをムリやりしたがわせようとしたり、排除しようとしたりするのをアナーキーとはいわない。アナーキーってのは、いつでもそういう権力をぶちぬいてやるぜってことだ。もうちょっといえば、かりに権力の横暴に反対していても、それがまた権力になっちまったら、いつだって、そいつもぶちぬいてやるぜってことだ。だって、ヘイトスピーチに反対していても、日本人としてそういうことはいっちゃいけない、まともな市民としてそんなことはいっちゃいけない、よりよい国民生活のために、よりよい市民生活のためにっていっていたら、その倫理から、またべつの権力がたちあがっちまうからね。

たとえば、こういうことをいうやつがでてきたりする。ヘイトスピーチはダメだっていうんだったら、まずは自分からですよ、あらゆる差別からピュアでなくちゃいけません、えっ、いま畜生っていいましたか？それ動物差別ですよ、あやまってください。えっ、いま狂人ってことばをつかいましたか？それ精神病差別ですよ、あやまってください。えっ、いまセックスっていいましたか？　異性愛者が愛欲をかたるのは、あらゆるセクシャルマイノリティにたいする差別なんですよ、あやまってくださいってね。もっとピュアになれ、もっとピュアになれ、それができなきゃクサイ、キタナイ、非国民。どういう意味で、なにをかたっているかなんておかまいなしだ。言葉狩り、ポリティカルコレクトネスだ。みんなの言葉づかいを政治的にただしいものにしていきましょう？　適切なものにしていきましょう？　ヘドがでるのでございます。オス！

ほんとは、こういうのがあんまり口うるさいんで、ファシストがしゃしゃりでてくるわけだし、それでいて、いっていることが似ているんだよね。どっちにしてもこの社会から、クサイ、キタナイものをなくしていきましょう、もっとピュアに、もっとピュアに、社会を浄化していきましょうっていっているんだから。オレたちはマイノリティの代弁者だといいはって、自分の正義を他人にふりかざし、そんでもって障害になるやつらを駆除していく。どうっスかね。ただの権力じゃないのか。ちゃんといっておくよ。たいがいにしろ！　権力はいらねえ、アナーキーでゆけ。

でね、こっからが本題なんだけど、安倍やファシストがアナーキーだってのにたいしては、いまいったみたいに、あいつら秩序が好きなだけなんだよ、それで暴走してるだけなんだよ、アナーキーじゃないでしょう、てことでいいんだけど、もうひとつ、こういうこともいわれるんだよね。いまの資本主義はアナーキーなんじゃないのかってね。ほら、経済のグローバリゼーションだとか、企業のとりひきは国境なんてこえているんだとか、もしその活動に規制をかけるなら、そんな国家はいらねえんだよとかって、そうおもっているビジネスエリートはけっこうおおいんじゃないかとおもう。

じっさい、アナルコ・キャピタリズムってことばもあってね。これ、「無政府資本主義」って訳されるんだけど、この世のなかは市場だけでまわせるぞ、そこに政府なんていらないんだよっていうことなんだ。ちなみに、「アナルコ」ってのは「アナーキー」が接頭語になったものので、それがキャピタリズムにくっつけられているんだけど、意味としては「無政府」に限定されてつかわれているわけだよね。政府なんかなくても市場だけでやっていけますよと。だけど、もういちど序章をおもいだしてほしい。「アナーキー」ってのは、「支配がない」っていうことなんだ。政府だけじゃない、あらゆる支配がいらないんだ。

とゆうかさ、資本主義ってのは、「カネによる支配」のことだろう。めっちゃ支配じゃん。カネ、カネ、カネ。資本主義は、カネがなきゃ生きていけないっておもわせる社会のことだ。そんでもって、人間のよしあしがカネをもっているかどうかで、カネをかせげるかどうかできめられる。たくさんカネをかせげていたら、つかえるやつ。かせげなければ、つかえない。まったくかせげなかったり、はたらかねえぞっていいはじめたら、クズあつかいだ、死ねといわれる。

カネ、カネ、カネ。ほんとは貧乏人なんて、貧乏人どうしでつるんで、いやあ食えねえな、しゃあねえよォっていって、カネもちからどうやってカネをうばいとるかをはなしあったり、山にわけいって山菜だのなんだのをとってきたりと、カネがなくてもなんとかなる技をおしえあえばいいだけなのに、カネが尺度としてたってしまうと、なかなかそうはならない。むしろオレはつかえるやつなんだってことをしめすかのように、より貧しいやつをディスりはじめる。あの生産性のないやつはジャマなんだ、ゆるしちゃいけない、きりすてろ、とりしまれってね。

おいら、フランスのアナキスト集団、不可視委員会の文章をよくよむんだけど、かれらに『いまこそ(仮)』(夜光社、近刊)って本があってね。そのなかに「経済は尺度の警察《ポリス》である」ってフレーズがでてくる。これ、もじどおりなんだよね。カネは生きる尺度だっていっておいて、したがわないやつらをとりしまっていく。つかえないやつはコキおろせ、はたらかないやつはたたきだせ、ポイポイッってね。アナルコ・キャピタリズムの精神だ。みんな警察だよ。ハックション、チクショイ！

みんながみんなを監視して、まわりの視線を心にきざむ。だから、もういちどいっておこうか。アナルコ・キャピタリズムはアナーキーじゃない。ただの支配だ、このやろう！　しかも、みんな警察みたいになっちまうわけだからね。警察しかいない社会へ？　われわれはアナルコ・ポリスである？　こりゃたまらん。だから、もしそういうのがイヤだったら、頑としてこういわなきゃダメなんだとおもう。ファック・ザ・ポリス！　ファック・ザ・ソサイエティ！　ファック・ザ・ワールド！　みんな警察がきらい、社会はクソだ、こんな世界はいらねえんだよ。オス、オース、オーースッ、オッス！

おまえはおまえの踊りをおどっているか？
――ブラックブロックの精神

だけど、なんだよね。そうはいっても、いまの資本主義が伝統的にアナキストがいってきたことを吸収しているってのも、あながちまちがいじゃなくてね。ことばだけでも「自発性」とか「自己統治」とか「ネットワーク」とか「下からの組織化」とか「人間関係の水平性」とかね。一九世紀後半から、アナキストのなかには、資本主義のヒエラルキーを問題にするひとがいっぱいいたんだ。たとえば、工場のヒエラルキー。資本家がボロモウケするためには、工場でたくさんモノをつくんなきゃならない、もっとはやく、もっとはやく、もっとテキパキうごいてみやがれ、ホレッ、ホレッてね。じゃあ、作業効率をあげるためにはどうしたらいいか。工場の指揮系統をはっきりさせよう、ピラミッド型の組織をつくろう。モデルは軍隊だ。上からの命令には絶対服従。下っぱの労働者に意志はいらねえ。おまえらは、だまって資本家にいわれたことだけやってりゃいいんだよってね。ザ・ヒエラルキー！

でも、そんじゃあんまり非人間的だし、くやしいからね。オレらは奴隷かよ、なめんじゃねえぞって。だからアナキストたちは、あの主人面したクソやろうどもをぶちのめしてやれと、資本家をぶんなぐりにいったり、工場の機械をたたきこわしてみたり、工場にガソリンまいて火をつけてみたりしたのだが、そういうときにいっていたのが、自発性だいじとか、水平性だいじってことだった。ひとに命令されて生きんのは、まっぴらごめんだ。オレとおまえとのあいだに、上も下もありゃしねえ。テメエのことはテメエでやれ、テメエたちでやれってね。

でも、なんとなくもう、このことばだけでピンときているひとがいるんじゃないかとおもうが、これ、いまの企業だとふつうにいわれてることだよね。上からいわれたことにしたがっているだけじゃダメなんだ、それじゃつかえねえぞ、必要だとおもったら自分の判断でうごけとか、おまえらひとつのチームなんだからまわりがなんかトラブっていたら気をきかせてたすけてやれよ、おたがいにアイデアをだしあって問題解決にあたるんだって、そんなの、いまじゃバイトでもいわれることだよね。自発性も水平性もあたりまえになっている。

でね、企業がそういうことをいうようになったのが、一九七〇年代。ちょっとそのへんのはなしもしたいんだが、そのまえにひとつだけいっておきたいのは、アナーキーってそんなもんじゃねえぞってことだ。もちろん、ひととひととのあいだに上下関係なんていらねえんだよ、そんなのクソくらえだっていうんだけど、でもね、いつだってだれにもなんにも支配されないでいくってのかな、やることなすこと根拠なしでいくってのは、いまいったみたいな自発性や水平性にはとどまらないんだ。

よし、そんなはなしをするために、ひとつ、自分の例をださせていただきましょう。舞台は二〇〇七年、ドイツのハイリゲンダムサミットでございます。おいら、二十代のころ、こりゃおもしれえなっておもってのめりこんでいたのが、反グローバリゼーションってよばれていた運動でね。これ、一九九〇年代後半から二〇一〇年前後まで、世界的にドッともりあがっていたんだけど、このころってのは、もう多国籍企業のやりたいほうだいでね、どこにいっても貧乏人がコキつかわれていて、それでもたりないからと、もっと安く、もっとクビきりのしやすい労働力をつくれ、もっと非正規雇用をふやせっていって、政府に圧力をかけて、そういう政策をとらせていた。日本でいうと派遣法が改悪されて、ガンガン非正規がふえていったりね。しかも、それで貧乏人が食えねえぞォってわめきちらせば、ハーイ、それは自己責任ですからね、ハーイ、文句ばっかいっていてはたらかないクズは切りすてましょうねっていわれていた。

でさ、そういうのを一国だけじゃなくて、WTO（世界貿易機関）とか、IMF（国際通貨基金）とか、世界銀行とか、G8サミット（先進国首脳会議）とか、そういうのに世界中のカネもちと権力者があつまって、ああ、カネがあるっていいよね、サイコウさ〜とかいいながら、あからさまにカネもちによるカネもちのための世界をつくろうとしていたんだ。もちろん、そんなんだったらこっちだってやってやるぞだ。そういうどでかい会合がひらかれるたびに、世界中からひとがあつまって抗議行動がくまれることになった。それが反グローバリズムだ。

あっ、いちおういっておくと、この反グローバリズムが一躍脚光をあびたのが一九九九年、アメリカのシアトルでひらかれたWTOのときだ。こんときはいきなり一〇万人くらいひとがあつまって、みんなでからだをはって道路にすわりこんだ。そしたら、会場に権力者の車がはいれなくなっちまってね、会議をとん挫させちまったんだ。さらにさらに二〇〇一年、イタリアのジェノバサミットには、三〇万人もひとがあつまって、警官隊とはげしく衝突。こりゃ負けるとおもったのか、ハッスルした警官がイタリア人青年を至近距離から射殺。マジで外道だ。しかもさ、このときサミットにきていた首脳陣はマジカンベンっすよっていって、海上に船をだしてもらって、そこに宿泊してたんだよね。海軍にまもられながら豪華客船でぜいたくざんまい。チキショウ！

でね、いまいったシアトルでもジェノバでも大活躍していたのがアナキストなんだ。そのころ、いろんなひとの文章をよむたびに、アナキスト大暴れってかいてあって、おいらからしたら、どんなことをやっているのかみてみたくてしかたがない。そんなふうにおもっていたら二〇〇八年、日本で洞爺湖サミットがひらかれる、じゃあ、うちらもなんかやってみましょうよというはなしになって、だったら、サミットって毎年やっているし、前年のドイツ、ハイリゲンダムサミットをみにいってみようっていうことになった。そんでね、アナキストの友人たちといっしょに、ドイツに遊びにいってきたんだ。

でさ、いってみたら、これがまたすごくてね。カネのない有象無象があつまってくるってんで、現地には一万五〇〇〇人ほど収容できるキャンプ地が三か所も用意されていた。きほんカンパ制、カネがなけりゃタダでもよくて、メシもカンパで食べられる。しかも、だれでも食えるようにってんで、ビーガンフードといって、ベジタリアンのなかでもさらに厳格なベジタリアンフードで統一されていた。たいしたもんだ。で、ただ泊まれるだけじゃないんだよね。翌日、街でデモがあって、みんなキャンプ地から出発するので、だったらせっかくこんなにひとがあつまってるんだしということで、みんなでどんな行動をとるのか、はなしあいがはじまるんだ。

じゃあ、どうやって意思決定をすんのかっていうと、全員一致。一万五〇〇〇人だよ、狂ってるぜ! しかも、それをほんとうにやっちまうんだ。もちろん、めっちゃ時間はかかるし、工夫もしてる。声がでかいやつの意見だけがとおらないように、ハンドシグナルをつかいましょうとか、議論が煮詰まったら、批判なしでとりあえずおもしろそうな意見をだしあう時間をつくりましょうとかね。でも、そういうことをやって、ほんとうに全員一致できめちまうんだ。明日はNGO主催のデモで、大人数で「くたばれ、サミット」ってのをメディアにアピールしようとしているわけだから、そこはさすがに気をつかって、デモ隊のこのへんに登場して、こういうスローガンでいきましょうかとか、むしろその翌日からサミットがはじまるんで、そっからが本番だ、ここと、ここの道路で座りこみをやりましょう、そっちをメインにしましょうかとかね。

ちなみにですが、いまいった会議のことをコンセンサス(合意形成)っていうんだけど、これ、アナキストがよくやる手法なんだ。サミットってのは、たかだか八か国で世界のありかたをきめてしまう。そんなトップダウン、ダメでしょうとか、あるいはどこの国でも議会制民主主義ってやっているけど、これもまた多数決でしょう。はじめから多数派の意見がとおるしくみになっている。だから、もし自分の意見は少数派だっておもったら、はなから意見をいうことをさしひかえてしまうか、自分の意見とはちがっていても、あのクソ政治家よりはマシだろうっておもったら、ガマン、ガマンっておもって、よりマシなほうに票をいれちまうんだ。

でも、そんなのおかしいでしょうと。サミットなんてこの世界のゆくすえを究極のトップダウンできめているようなもんだし、議会の多数決にしたって強者の論理でしかない、めっちゃ非民主的だ。だから、そんなクソみたいな政治にはしたがわねえぞ、そんなもんなしでも、オレたちはやっていけるんだってことを、いまこの場でしめしてやる。てなわけで、やっていたのがコンセンサスなんだ。みんながみんな、自分のおもったことをおもうぞんぶんしゃべってみて、なっとくがいくまで議論して、そんでもってなにをやるのかをきめましょうと。

これさ、ほんとに苦労していてね。アナキスト人類学者のデヴィッド・グレーバー『Direct Action』(日本語訳未刊行)にくわしくかいてあるんだけど、みんな、コンセンサスをやるためにふだんからトレーニングをつんでいるんだ。いきなり全員一致っていってもなれちゃいないから、それこそ五人、一〇人の友人からはじめてみましょうと。たとえば、一〇人でピザを注文する。でも、なかにはベジタリアンもいれば、肉好きなやつもいる。アンチョビが苦手なやつもいれば、ハーブが苦手なやつもいる。それで注文するとしたら、なにピザにするのか、全員一致できめてみましょう、じゃあ一〇分でってね。こういうトレーニングをつんでいると、気づいたら一万五〇〇〇人でもできるようになっている。あっ、もう一回、いっておくよ。狂ってるぜ！

だからさ、おいら、これをはじめてみたときは、びっくらこいちまったよ。なにやってんだよ、これってね。いままで、できないっておもっていたことがふつうにやられている。もちろん、直接民主制ってことばはきいたことあったけど、この規模でやれるとはおもっちゃいなかったからね。ああ、これがアナキストのいう自発性か、自己統治か、水平性かっておもったもんさ。でもね、ほんとにびっくらこいたのはこのあとなんだ。翌日、いざデモがはじまってみると、一〇万人くらいいてね。うち、二万人がアナキスト。とくに連絡をとりあったわけじゃないのに、みんな黒いパーカーをきている。でね、デモがはじまってあるいていく先々にシティバンクとかマックとか、わるそうな企業の店舗がみえてくるんだけど、そうすると、とつぜん行動がはじまるんだ。

どでかい横断幕にかくれて、数人がかくしもっていたバールをとりだす。それをおもいっきりふって、デシッ、デシッと道路をぶったたいて、敷石をはがす。そんでもって、われた石を手にとって、猛烈ないきおいで投げはじめる。で、それでも窓ガラスがわれないと、こんどはバールをもって駆けていって、そいつをブンブンふってバリンバリンと窓をたたきわっていくんだ。だったら、敷石はがすなよってはなしなんだけどね。ドンマイ！　でだ、とうぜんポリ公がおってくるんだけど、そしたらササッと二万人の黒い隊列に逃げこんでくる。すると、みんなおなじ格好をしているから、だれがやったかなんてわからない。だれもパクられないってすんぽうさ。あっ、たまに関係ないやつがパクられちまったりするんだけどね、ヒャッハハ。序章でもちょっとふれたけど、そういうことができるように、デモ隊のなかに黒い塊をつくっていくことをブラックブロックっていうんだ。他人の迷惑かえりみず。黒くなれ、もっと黒くなれ、シャーーッ！

さらにさらにだ。デモがおわって、公園でＮＧＯが集会をはじめたんだけど、そこに警官がはいってこようとした。で、アナキストってのは、集会でエラいひとがしゃべってても興味なんてないから、ビール飲んでるだけなんだけど、警官がきたらテンションがあがっちまうんだよね。いっせいに、体をはって警官隊をとめにいく。さいしょは集会場にはいってこれないようにと、手をひろげて、ハウ、ハウさけびながらブロックしていただけだったんだけど、そこはアナキストだ。うしろからバンバンとビール瓶やら石やらがとんでくる。ちなみに、警官だけじゃなくて、手をひろげていたおいらにもぶつかったんだけどね、チャッハハ！　いてえよ、このやろう。

で、おってくる警官とおいかけっこになって、さらにテンションのあがった輩が、そこらにあった警察車両に火をはなつ。火のついた猿、火のついた猿。火をみた猿はもうとまらない。投石、投石、投石。わるのりにつぐわるのり、そしてさらなるわるのりだ。もう警察車両とか、そうじゃないとか関係ない。そこらじゅうの車が燃やされた。燃やせ、燃やせ、燃やせ。投げろ、投げろ、投げろ。共鳴、共鳴、共鳴だ。でね、けっきょくガンガン弾圧されて、けっこうな人数がボコボコにされてパクられちまうんだけど、でもおもしれえなっておもったのは、そういうちょっとした暴動状態になったときってのは、なんかね、体がかるくなっているんだ。

ふだんだったら、これこれこういうことをやったらつかまるってわかっていたら、そんなことやらないんだけど、なんかね、やられるってわかっちゃいてもやめられない、とまらないんだ。こん棒をもったどでかい警官が、こわくもなんともなくなっている。やれる、やれる、もっとやれる、なんでもやれる、もっともっと。まるで我をわすれて、踊り狂っているみたいだ。

踊るアホウにみるアホウ、どうせアホなら踊らにゃソンソン。マジヤベエ！　超ヤベエ！　たぶん、こういうとき、ひとってのはほんとにだれにもなんにもしばられない力を手にしているんじゃないかとおもう。手に負えない。

いやね、なにがいいたかったのかというと、前日のあの大会議はなんだったんだっていうことさ。だってさ、すんげえ苦労して、何時間もかけて一万五〇〇〇人で全員一致のコンセンサスをとっておいて、いざ本番になったら、だれもまもらないわけだからね。バカやろうだ、圧倒的なバカやろうだ、てやんでい。でもね、そうじゃなきゃ、アナーキーじゃないんだとおもう。逆にだよ、オレたちはアナキストだから自己統治や水平性をおもんじてる、だから、みんなできめたことはまもらなきゃいけないんだ、絶対服従、デモで不規則行動をとるな、したがえ、したがえっていいはじめたら、あたらしい支配がたっちまうからね。アナキズムという名の、民主主義という名の。

だから、そういうんじゃなくて、それまで自分ができないっておもっていたことができるようになる、あれもできる、これもできる、なんでもできる、もっともっとって、自分じゃない自分を手にすることがだいじなんだ、そういう力をしめすことがだいじなんだ、それを自分でかんじとることがだいじなんだ、それだけがだいじなんだ。もっとアホになれ、もっとアホになれ！　もしもそれ以上のなにかをさせようとするならば、コンセンサスだろうとなんだろうと、そんなもんはただの政治だ、支配だ、権力だ。くそくらえったら、くそくらえ。自己統治？　水平性？　民主主義？　自由だァ、理想だァ、正義だァ、みんな鬼に喰われちまえだァ！火のついた猿、火のついた猿。火のついた猿は、いつだって自分にこう問いかけている。おまえはおまえの踊りをおどっているか？　自分、アホウなのでわかりません、ウキョ〜〜〜！それがブラックブロックの精神だ。

あなたもわたしもロケットボーイ　サイバネティクスはファシズムの土台である

そいじゃ、資本主義のはなしにもどりましょう。さっき、いまの資本主義のベースには、アナキズム的なものがあるっていった。「自発性」とか「自己統治」とか「水平性」とかね。じゃあ、なんでそんなことになったのか？　そのきっかけになったテクノロジーがあるんで、まずはそっからいってみよう。サイバネティクスだ。これ、「自動制御装置」って訳されているもので、いまでいうとコンピュータとか、インターネットとか、ＡＩなんかのもとになった科学技術でもある。

じゃあ、どんなもんなのかというと、もともとは軍事技術だ。提唱したのはアメリカの数学者、ノーバート・ウィーナー。第二次大戦中、かれは高射砲っていって、敵の戦闘機がせめてきたとき、それをうちおとそうとして、地上からぶっぱなす大砲があるんだけど、その照準をさだめる機器をつくろうとしていた。照準の自動化っていえばいいだろうか。ほら、戦闘機までの距離ってけっこうあるだろう。日によって、風向きもつよさもちがっている。だから、大砲をうってからとどくまでの時間や、風でどのくらいまがるのかを計算してうたなきゃいけない。

さらにさらにだ。敵のパイロットによって、どんな操縦をするのかわからない。予測不能だ、あたらない。でも、それを予測してしまおうとしたのがウィーナーだ。まずはなんどか大砲をぶっぱなす。もちろん、あたんないわけだけど、この弾は何メートルはずした、この弾は何メートルはずしたってのはわかるわけさ。その統計をとって、敵パイロットの操縦のクセを把握していく。ああ、つぎはこのへんにくるぞ、そんつぎはこのへんだってね。じゃあじゃあってことで、大砲をバンバンぶっぱなすと、こんどはあたるわけさ。おみごと！

うってはずして、うってはずして、そのデータをフィードバックして、そうやって照準を自動修正して、ほんらい予測できないはずのものを予測可能なものにかえていく。いまだったらこれ、ミサイルだよね。ぶっぱなしたあと、ミサイルがレーダーで敵機のうごきを探知して、自動的に照準をさだめていく。それがサイバネティクスだ。そうそう、このサイバネティクス、ウィーナーがギリシア語からもってきたもので、もとは「舵手《だしゅ》」って意味なんだ。船のこぎ手が、そのときどきの環境の変化にあわせて、みずからこぎかたをかえていく。そういう意味じゃ、みずからすすんで舵取りをすることがサイバネティクスだっていってもいいかもしれない。「自律」、そして「自己統治」だ。

でさ、このテクノロジーがいまの社会のモデルになっているのってわかるだろうか? たとえば、ネットショッピング。アマゾンでもなんでも、なんかしらモノを買ったり、おもしろそうな本を検索してクリックしたりしていると、その履歴が記録されて、このひとはこういう傾向の本が好みなんだってのがわかってくる。で、ホームページをひらくと、パッと、あなたにおすすめの本はこれですよ、あなたが欲しい本はこれですよってのがでてくるようになるんだ。さいしょは的外れだったとしても、二、三冊、本を買っていると、けっこう正確になってくる。おすすめの本が自分の本だったりね。的確だ。うってはずして、うってはずして、フィードバックでホレ撃墜。つかえばつかうほど、本をさがすテマがはぶかれていく。便利で快適、スマートライフだ。

でもこれさ、おかしいのってわかるだろうか。はじめからほしいものがきまっているんだからね。いや、もちろん自分でえらんでいるんだけど、いまの自分にとって役にたつ本しかよまなくなってるんだ。ほんとは、読書ってそういうもんじゃないだろう。しらべたいことがあるから図書館にいって、館内をプラプラしていたら、ふとおもしろそうな本があって、それを手にとってみたらメッチャおもしろくて、当初の目的なんかわすれちまって、その本を借りていったりとかね。

おいらだったら二十代のころ、大正時代の労働運動をしらべようとおもって、毎日、大学の図書館にかよっていたんだけど、おめあての本棚にたどりつくまえに、中浜哲《なかはまてつ》とか、カツアゲばっかりやっていたチンピラアナキストの詩集なんかがおいてあってね。ああ、ちょっとだけならいいかなとおもって、手にとってみたらハマっちまって、もうやめられない、とまらない。けっきょく、それで一日おわっちまったりね。もちろん、そんな読書をしたって役にはたたないし、ムダなんだけどさ、でも五年後、一〇年後、けっきょく自分の身体にのこっているのって、そういう読書体験だったりするんだよね。でも、ネットショッピングがあたりまえになってしまうと、はなからそういう芽がつまれてしまう。えっ、役にたつ読書をすればいいんだよって？　うるせえよ。ムダなことしかしたくはないね。アナキストはムダがいのち！

しかもおっかねえのはさ、このはなし、ショッピングだけじゃなくて、ほんとに日常生活にまでいきわたっているってことだ。ＳＮＳなんてその典型だろう。フェイスブックでも、ツイッターでも、インスタグラムでもなんでもいいけど、ピコピコと、画像こみでプライベートなことをかきこんでいく。でさ、さいしょはちょっとおもしろそうだくらいではじめたのかもしれないが、やっているうちにそうじゃなくなっているんだ。ひとってのはそういうもんで、「いいね！」って機能があると、それが気になってしかたなくなってくる。たくさんもらえりゃうれしいし、なければ、オレはみんなにみとめられてないっておもえてくる。まわりの目線がやけに気になる。「いいね！」ください、オオオ、「いいね！」ください、もっと、もっとってね。

てゆうかさ、何回かくりかえしているうちに、だいたい、こうやったら「いいね！」がもらえるってのがわかってくるだろう？　ちゃんと空気をよんで、そんでもってチョビッと目新しいことを投稿する。オシャレで気のきいたフレーズをそえてね。で、そういうのをくりかえしているうちに、意識していなくても、「いいね！」をもらえそうなことを発信するようになっているんだ。かくだけじゃないよ。かくためには、日々、そういうことをやんなきゃいけない。

せっかくの休みなのに、インスタに投稿するために、きょうはここのオシャレカフェにいって、このオシャレな食いもんを注文しにいきましょうってね。で、こういうのがスマートにできると、コミュニケーション能力がたかいっていわれるわけさ。コミュ力、コミュ力でございます。いいね！

これ、なにがおきてんのかっていうと、人間がサイバネティクスの一部になっちまっているってことだ。だって、やっていることがミサイルみたいだろ。敵機をレーダーで探知して、みずから舵取りをしてデーンッてつっこんでいく。うってはずして、うってはずして、フィードバックで、ホレ、撃墜、いいね！　もっとはやく、もっと正確に。よりよくなれ、よりよくなれ。たえずオンライン状態になって、よりよいほうへ、よりよいほうへとうごいていく。なんかさ、こういうのを人間ミサイルっていうと、ちょっと特攻隊っぽいんだけど、でもほんとにやらされているのってそういうことなんだとおもう。あなたもわたしもロケットボーイ。ドッカーーン！

で、なんだけどさ、これって、いま労働者にもとめられていることでもあるんだよね。たえず市場の動向に敏感になって、これからみんなが欲しがっているものを探知しましょう。そんでもって、あたらしい商品開発をいたしましょう、そのアイデアやイメージをつくりだしまししよう、お客が必要としていることをさきにかんじとって、よりよいサービスを提供いたしましょうってね。よっ、クリエイティブ！　あたらしい環境に適応し、あたらしい自分をつくりだせ。だいじなのは自己管理だ、進取の精神だ、コミュ力なんだよってね。おまえがやれ、おまえがやれ、おまえが舵をとれ。

しかも、おっかないのは、これがクビきりの論理にまでつかわれているってことだ。どんなエリートでも、まじめにやってるバイトでも、ほれ、おまえがかかわっているプロジェクトは赤字だぞ、おまえがいる店舗は赤字だぞ、ほれ、データがあらわしてるぞ、これ、おまえが舵をとった結果だよな、おまえがつかえないってことだよなっていわれたら、有無もいわさずにクビにされちまう。自己責任だ。

ほんとは、どこの会社も自転車操業でやっていて赤字なんてあたりまえなのに、なんか数字をみせつけられると、ああ、そうですかってなっとくさせられちまう。だって、データをあつめてフィードバックをしたら、オレが障害物だったんだからってね。たぶん、自分の身体がサイバネティクスにもっていかれているこわさってのは、そういうことなんだとおもう。船もねえのに、船長気どりだ。ヨーソロー！

まあまあ、サイバネティクスの統治ってのは、そういうもんだ。敵機の撃墜でも、カネもうけでも、ある目的をさだめたら、そのために予測不可能なものを予測可能なものにかえていく、そのためにみずからすすんで舵取りをしていく。もっとはやく、もっと正確に。もっと撃墜を、もっとカネもうけを。よりよくなれ、よりよくなれ。あけてもくれても生産性だ。もっとつかえるやつになれ、もっとつかえるやつになれ。たえず有用性がもとめられている。これ、さいしょにいったはなしにもどるんだけど、だからこそ、ファシストみたいな連中がでてくるんだ。

もともと、資本主義って、カネをかせいでなんぼだっていわれているから、はたらかない、はたらけないやつらが、テメエら死ねっていわれてディスられてきたわけだけど、それがさらに暴走していく。よりよくなれ、よりよくなれ。オレさまは有用だ。そうおもいたいのに、白人男性だろうと、ニッポン男児だろうと、よゆうでクビをきられるのが、この社会だ。ああ、クビになった、ああ、仕事がみつかんねえ。ああ、オレさまは役たたずだって？　ああ、ちがう、ちがう！　よりよくなれ、よりよくなれ。そうだ、オレさまよりもつかえないやつがいるじゃないか、この社会の障害物を駆除するんだ。それができるオレさまはつかえるやつなんだ、生産性バンザイなんだよってね。

そういって、よりよわいやつらの排除にかかる。あいつはつかえない、あいつをきれ、あいつはもっとつかえない、あいつらをしまつしろ、移民を、障害者を、無職を、ホームレスをってね。たえずムダを除去して、適正化。自動修正だ。よりよくなれ、よりよくなれ。どうっスかね？　これ、サイバネティクスはファシズムの論理そのものだよね。だから、ちゃんといっておきましょうか。サイバネティクスはファシズムの土台である。えっ、自己統治？　えっ、もっとコミュニケーションをとれ？　あなたもわたしもロケットボーイ。神風特攻隊のように〜〜〜、神風特攻隊のように〜〜〜、ドッカーーンッ！　ギャアアアッ!!!　いいね、いいねは、どうでもいいね。よりよくなれは、クソくらえ。アナキストはムダがいのち。

クリエイティブはぶちこわせなのでございます

まあまあ、そんなかんじなんだけどさ、もちろんひとってのは、はじめからサイバネティクスになれ、ロケットボーイになれっていわれたらイヤがるもんだ。いきなり、おまえは機械の一部なんだよ、いわれなくてもはたらくんだよっていわれたら、さすがにムカつくからね。だから、資本主義がいまみたいになるのにはもうワンクッションある。それが一九六〇〜七〇年代のこと。このころ、資本主義はそれまで左派から批判されてきたことをスッと吸収していてね。おっきく変化したんだ。

そのあたりのことをうまくまとめているのが、リュック・ボルタンスキー、エヴ・シャペロ『資本主義の新たな精神』(ナカニシヤ出版)である。せっかくなんで、ちょっくら紹介してみようか。この本のなかで、ふたりはおおきくいって、資本主義批判にはふたつの型があるといっている。

(一)社会的批判
(二)芸術家的批判

「社会的批判」ってのは、この世のなかに貧富の格差があるのはおかしい、この社会の不平等をただしましょうってものだ。労働組合をつくって、人数をふやして、その力をバックにして、共産党だの社会民主党だのに政権をとってもらって、だれもが平等な社会を実現してもらいましょうと。そういうのがロシア革命みたいになることもあれば、そこまでいかなくても、一九三〇年代の世界恐慌をきっかけにして、どこの国もちょっとはケインズ主義的なことをやりましょう、福祉国家的なことをやりましょうってことになった。そりゃそうで、カネもちからしたって、貧乏人がまったくカネをもっていなくて、モノを買ってくんなきゃ、経済がまわんないからね。

でも一九六〇年代になると、それもどうなのよっていわれるようになった。だって、定職にでもついていれば、車だの、家電製品だのを買えるようにはなったわけだけど、人間による人間の支配はめっちゃあるわけさ。工場ではたらいていたら、上からの命令には絶対服従。奴隷みたいにコキつかわれる。でも、それがイヤだとおもって、労働組合にはいってもおなじことだ。資本家とやりあっているようにみえても、みんなの給料をあげるためには、みんなで一丸とならなきゃいかん、組合幹部がきめたことにはちゃんとしたがうんだよっていわれて、やっぱり下っぱは奴隷みたいにあつかわれる。「社会的批判」が、資本主義にくみこまれてしまった。

ということで、一九六〇年代後半、世界中の若者がたちあがったんだ。大学で、工場で、街頭でね。若者の反乱。で、伝統的にアナキストがいってきたようなことがいわれはじめた。支配はいらない、この社会のヒエラルキーをぶちこわしてやれ、だいじなのは自律と自己統治だ。命令なんていらねえんだよ、上からいわれてうごくのは奴隷のやることだ。みんなでコミュニケーションをとりあって、自分たちがやりたいことを自分たちでやろう。そうだ、下からの組織化だってね。ボルタンスキーは、これを「芸術家的批判」ってよんでいる。それこそ、ひとにいわれてどうこうじゃなくて、みずからすすんで、おもしろいことをやっていくんだ、あたらしいものを創造していくんだ、一人ひとりがアーティストみたいになるんだってね。よっ、クリエイティブ！

そんでね、ボルタンスキーたちは、一九六〇年代、資本主義を批判するのに、この「芸術家的批判」がむっちゃラジカルだったんだけど、でもだからこそ、そこで提起されていたことが資本主義にとりこまれたんだっていっている。どういうことかというと、このころ資本主義はちょっとした危機でね、いきづまっていたんだ。いくら工場で安くたくさんつくっても、あるていどモノがいきわたってしまうと売れなくなってくる。じゃあ、どうしたらいいかっていうと、どこも日本のトヨタみたいなことをやろうとしはじめるわけさ。在庫ゼロ。徹底的にムダをはぶきましょうと。売れてないものを切りすてて、売れているものだけをつくっていく。そんでもって市場の動向をしらべあげ、つぎはこれがくるんじゃないのかってのをいくつかつくって、もちろんはずしたりするんだけど、あたりがあったら、それを集中的につくっていくわけさ。

でね、これをやるのに、ほんとにトップダウンで、上からの指示をまっているようじゃダメなんだ。オンタイムでムダな生産をさけるなら、そのつど、どの車が売れていて、どの部品が必要かってのは現場の作業員がいちばんよくしっている。この部品をよこせってのは、現場から、下から、上に指示をださなきゃなんないわけだ。それに、これからなにが売れるのかってのも、お客さんとやりとりしている販売員がいちばんよくしっているわけだろう。あたらしい商品をつくるためには、そこからあがってくる情報がめっちゃ重要だ。だったら、もう会社の部署だとか、上下関係だとかにこだわらずに、ちゃんとコミュニケーションをとってもらわなきゃこまるんだと。

だけど、そこまで企業組織をおおきくかえられるのか。だれもついてこられないんじゃないのか。そうおもっていたら、若者たちから「芸術家的批判」がでてくるんだ。そりゃ、おエライさんたちはよろこぶよね。これはつかえる、企業の組織変革にいかせるぞって。だいじなのはヒエラルキーじゃない、一人ひとりの自発性なんだ、下からの組織化なんだ、コミュニケーションなんだ、みんなが欲しているものをいちはやく察知して、あたらしい商品をつくりだす力なんだ、創造力なんだ、若者のみなさん、ふだんからそういうことをやろうっていってんだから、できますよねって。

じっさい、おおきな組織にたよらずに、一〇人、二〇人の仲間とつるんで、警察だのなんだのとやりあって、ときに予測不能な困難にまきこまれながらも、知恵をだしあって、それをのりきってきた人たちってのは、いざ、そういう運動から手をひいて、会社づとめをはじめると、みずからすすんで新規プロジェクトをたちあげて、部署や地位をこえてひとをあつめて、たがいに知恵をだしあいながら、あたらしい商品を開発するとか、そういうことができちゃうわけさ。こんなの、あの修羅場をくぐってきたオレにとっちゃ楽勝さ、オレ、プロジェクトリーダーってね。まあまあ、そういう力をつかって、カネもちは企業の再編に成功して、さらにさらにカネもうけ。資本主義が自律と自己統治をベースにしたものにリニューアルされていく。

さっきもいったけど、これってほんとは、たえずこれから売れそうなものに敏感になりましょうっていっているだけのことなんだよ。もっとはやく、もっと的確に。よりよくなれ、よりよくなれ。会社もひともサイバネティクスみたいになっていく。いきぐるしい。でも、なんでそういう世のなかになってしまったのかというと、ボルタンスキーたちは「芸術家的批判」が「資本主義の新たな精神」になってしまったからだっていうんだ。反資本主義のラジカルな力が、あたらしい資本主義の原動力になってしまった。一九六〇年代の若者反乱が、あたらしい権力をうみだしてしまったんだってね。

でもさ、大枠はそうなのかもしれないけど、どうっスかね。ちょっと図式的すぎやしませんかね？　もちろん、企業が自発性をいかした組織づくりをしはじめたってのは、そうなんだとおもうけど、一九六〇年代の若者反乱は、そんなもんに回収されるていどのものだったんっスかね。もうちょっといっておけば、アナキズムってそんなやわなもんじゃないっスよねと。その根っこには、自律だの、自己統治だの、コミュニケーションだの、そんなもんぶちぬいちまうくらい、もっともっとアナーキーなものが秘められていたんじゃないのか、そんでもって、それがいまの資本主義をぶっつぶすための手がかりになるんじゃないのかってね。

いやね、身もふたもないことをいっちまうと、一九六〇年代の反乱やアナキズムにたいして、「芸術家的批判」ってことばをつかわれると、なんかピンとこないというか、ムシズがはしるんだよね。みんな、支配はいらねえっていっているだけで、べつにアーティストになりたかったわけじゃないからね。あえていっておきましょうか。アート、アートってうるせえんだよ。クリエイティブはぶちこわせなのでございます。てなわけで、ひとつ日本の例をひかせていただきましょうか。一九六六年、ベトナム反戦直接行動委員会（べ反委）だ。これはベトナム反戦運動がもりあがるさなか、アナキストの若者たちがつくった団体なんだけど、いっていることもやっていることも、めっちゃアナーキーなんでね。そいつをご紹介してみたいとおもう。いくぜ！

棍棒の哲学
――ベトナム反戦直接行動委員会の思想

そんじゃ、まずは背景からまいりましょう。一九六六年当時、アメリカはベトナム戦争をやっていたんだけど、さすがの日本でもそれただの侵略でしょう、ダメでしょうって認識はあった。で、みんなで戦争に反対しましょう、平和をうったえかけましょうってなって、その主軸になっていたのが社会党とその支持母体だった総評(全日本労働組合総評議会)だ。いちおういっておくと、総評ってのは、労働組合のナショナルセンターのことでね。ほら、いまだったら「連合」っていう、カネもちのいいなりになっている労働団体があるでしょう。組合員がクビ切りにあっても文句をいわないみたいな。さすがにそれよりはマシだったんだけど、まあまあ、その前身にあたる労働組合の全国的なネットワークが総評なんだ。

でね、そのへんが総力をあげて平和運動をやりましょうってのはいいんだけど、その中身がひどいんだよね。なんかさ、当時は東西冷戦の時代で、アメリカは「反共」をかかげて、戦争をやっていたわけだけど、日本の平和運動ってのは、それだと日本が冷戦にまきこまれかねないから、いつまた本土が焼け野原になるかもわからないから、というか、いつ米ソの核戦争がおこって人類が死滅するかもしれないから、未曽有の危機だから反対しましょうっていっていたんだ。

じゃあ、どうすんのかっていうと、社会党が発言力をもつしかないっていうわけさ。みんなで一丸となって、いまの政府にプレッシャーをかけよう。よし、国民運動だ、みんなで国会にプレッシャーをかけにいこう、総評が動員をかけて、国会前にひとをあつめる。で、国会議員のみなさんに平和のためにうごいてもらいましょう、もっと社会党のいうことをきくようにしてもらいましょうってね。しかもこれ、あくまで議員のみなさまへの請願運動だから、ハネちゃダメなんだ。警官とバトルして、国会にのりこむなんて言語道断。もし上からの命令にそむくやつがいて、ぜんぶおジャンになっちまったら、そいつのせいで日本が戦火にまきこまれるかもしれない、人類が死滅するかもしれない。そんなやつは非国民だ、人類の敵だってね。そういわれたくなかったら、ちゃんということをききましょうと。なんか、いまの国家の危機言説とおんなじだ。ファックだぜ! ああ、明日の朝、ああ、国会議事堂へいこう、ああ、ションベンひっかけて、ああ、口笛ふいておうちへかえろうよ。ジョボジョボ〜〜、フウ。

しかもさ、ほんとは日本だって、アメリカといっしょに戦争をやっていたわけだろう。日本

に基地があって、ごていねいにその費用まで負担してあげて、そっから米軍が戦争にいくわけ

だからね。さらにいえば、その米軍に武器を売っぱらって、ボロもうけしているのも日本企業なわけだ。かせげ、かせげ、カネかせげ、軍需、特需でボロもうけ、戦争景気でボロもうけ、憲法九条の名のもとに、反戦平和の名のもとに、もっとかせいで、もっとかせいで、いいね！いいね！ピース！ピース！ピーーースッ！

だから、社会党と総評からしても、経済が活性化してくれるのはいいわけさ。アメリカが戦争で勝って、海外の市場販路がひろがるなら、それはそれでいいでしょうと。カネ、カネ、カネ、されどカネ。でも、自分たちの平和はまもりたい、そういう票はもらいたい。じゃあじゃあ、ガスぬきのためにかたちだけデモはやりましょう、国会前にひとをあつめて、あとは先方、おねがいいたしますってね。いまもむかしもかわんないぜ。ファック・ザ・ピース！ファック・ザ・ベイス！ファック・ザ・ワールド！ファック、ファック、ファーーークッ!!!

この宇宙からすべての基地をたたきだせ。

だけど、そういう大人たちの偽善にツバをはきかけたやつらがいた。べ反委だ。これね、大学生もおおかったんだけど、わかいアナキスト、十数人のあつまりでね。いっていたこともやっていたことも、マジでカッコいいんだ。たとえば、こんなふうにいう。まやかしの平和はも

うたくさんだ、みんな国会に動員されて、上からの命令には絶対服従だなんて、そんなのただの支配じゃねえか、政治だ、ポリスだ、権力だ。しかもそれでいて、本気で戦争をとめる気がないんなら、そんなやつらムシするしかない。自分たちでやれることは自分たちでやろう。日本企業が武器弾薬をつくっているんなら、その死の商人どもに目にものみせてやれ。で、いざしらべてみたら、いがいと軍需工場が身近なところにあるんだ。こりゃ、やるならいましかねえ、いつだっていましかねえ。てなわけで、一九六六年一〇月一〇日、べ反委はこんな声明をだした。

いま、日本国家＝日本資本主義は、軍事基地の提供と軍需物資の生産を二本の太いパイプにして、ベトナム戦争に結びついている。

従って攻撃の主要目標は明らかだ。この二本の太いパイプを切断することである。ベトナム反戦直接行動委員会は、人民の直接行動をもってこのパイプを切断する工作に従事する。政治家の饒舌は不要である。沈黙の直接行動は敵に最大の打撃を与え、味方に最大の決意を促す人民固有の武器なのだ。言論によるコミュニケーションが敵の手中に陥いっている現在、われわれは行動によるコミュニケーションを創造しなくてはならない。

（ベトナム反戦直接行動委員会「声明」『死の商人への挑戦——1966／ベトナム反戦直接行動委員会の闘い』『アナキズム叢書』刊行会）

そうそう、直接行動ってのはテメエのことはテメエでやるってことだよ。この場合、どでかい労働組合とか、クソみたいな政治家になんかたよらなくても、たとえ少人数であっても、たとえ一瞬であったとしても、自分たちの力でじかに軍需工場をとめてみせる、それができるってことをしめしてみせる、そんでもってかんじとるんだ。オレすげえ、オレ、オレ、オレ、されどオレ、オーレイ！ってね。もしかしたら、そのすがたをみて、オレも、オレも、オレもっていって、もっとすげえことをやらかすやつらがでてくるかもしれない。そういう力を信じてみよう。それが行動によるコミュニケーションだ。いいよ！

じゃあ、どういうことをやったのか。一〇月一九日、白昼堂々、東京都田無《たなし》町、いまの西東京市にある日特金属工業にのりこんだ。この工場じゃ、機関銃をつくってたんでね、とめるしかないでしょうと。二メートルほどあるコンクリート塀をのりこえて、いっせいに事務所に侵入する。手には棍棒、そして目つぶしスプレーだ。とつぜんの襲撃に、会社の職員はあっけにとられてなにもできない。でね、べ反委のメンバーが一階の配電室にはいっていくと、パッと電源操作用のスイッチがみえるんだよね。うおお、これだあ！　デシッ、デシッとおもいきり棍棒をふりおろす。ぶっこわれた。イヨーシッ！　じゃあ、そのままいくぞっていって二階にのぼっていくと、電話交換手室があったんで、とりあえず、そこの電話にも棍棒一発。で、さらにみたら社長室があるんだよね。じゃあじゃあ、遠慮なくってことで、ドアをあけたらすんなりはいれちゃってね。棍棒をブンブンとふりまわしたら、パリーン、パリーーンッて、なんか、よさげなガラスケースにあたって、ボロッボロにくだけちった。ウッシャーッ！　やることをやりおえると、もう日特金に用はない。アバヨっていって、べ反委は風のようにさっていった。いやあ、一九世紀初頭に、資本主義クソくらえっていう連中が、夜な夜な工場にしのびこんで、機械をたたきこわしたりしていてね、そういうのをラッダイトっていうんだけど、これは白昼堂々とやってるわけだからね。やるな、べ反委。

で、なんだけどね。その後のこともいっておくと、このときはだれもつかまらなかったんだけど、その日のうちに四人がつかまっちまってね。でも、まだまだやれるぞっていって、翌月、一一月一五日、名古屋の豊和工業ってとこにいって、兵器製造をやめろっていうビラをまいたり、社長あての抗議文をわたしにいったのだが、これで弾圧されて、六人が逮捕。やられちまったよ、チクショウ。

とまあ、そんなかんじだったんだけど、だいじなのは、かれらが物的成果にはこだわっていなかったってことなんだ。だって、日特金にのりこんで電源を切ったっていっても、工場がとまったのは一五分くらいだからね。逆にいうと、ただ内容がよくてもダメなんだ。かりに、ピース、ピースってうるせえんだよ、上から命令されてうごくだけじゃダメなんだっていっても、ちっちゃな軍需工場をとめても意味がないとか、この工場をこれだけの人数をかけて、何時間も何日もとめることが効果的なんだ、それがもっとも革命的なんだ、だからオレたちにしたがってればいいんだとかっていいはじめたら、あたらしい権力がたってしまう。しかもこれ、ちょっとサイバネティクスっぽいのってわかるだろうか？　みずからすすんで舵取りをして、より効果的な運動をやろうとする。よりよくなれ、よりよくなれ、ムダをはぶいて、よりよいコミュニケーションをってね。

でもさ、べ反委がおもしろいのは、そういうのも突きぬけちまっているところなんだよね。当時、べ反委のメンバーだった大島啓司は、自分たちの直接行動について、こんなふうにいっている。

ぼくらは「敵」を殺す銃の冷たさも知らないし、田畑を、そして農民を焼きこがす火炎放射器の熱さも知らない。

だが、この「知らない」ことには意味がある。その意味は、ぼくらが「知らない」ということを「知る」その仕方に現象する。ぼくらが「知らない」ということを「知る」ことができるのは、銃の冷たさを、ナパーム弾の炎のどす黒さを知っている人々が、この世界に確実にいるからであり、かく知るものと知らないものとで構成されたこの世界が、ぼくらのかかわる唯一無二の世界であるからである。かくして、ぼくらが世界に対して負う意味は知らないというマイナスの方向へと下降する。

しかし、それに「無いものを発見する」という矛盾を負った認識が介在するなら、ぼくらは、それをこそ、世界へたちむかう武器としてとりだすべきであろう。

ぼくらの内なる霧におおわれた地帯の発見は、外見世界の霧の部分に感応すべく運命づけられているから。


（大島啓司「直接行動の論理」

『死の商人への挑戦――1966／ベトナム反戦直接行動委員会の闘い』『アナキズム叢書』刊行会）

ふつう、ベトナム戦争に反対して、軍需工場をとめるぞっていう人たちは、日本はアメリカといっしょに戦争をやっているんだ、オレたちは戦争の加害者なんだ、だから、そのケジメとして、つぐないとして、被害者であるベトナム人民のために、これだけのことをしなきゃいけないんだっていっていたわけだ。でも、これだとさっきいったのとおなじことになってしまう。これだけ負い目があるんだから、これだけ効果的なことをやんなきゃいけない、それがあたりまえなんだ、もっとうまくやれ、もっともっとってね。

だけど、大島はそれじゃダメなんだっていってるんだ。いやさ、よく「加害者／被害者」っていう区分をして、被害者のためになにかしなきゃいけないっていわれるんだけど、どうなんっスかねって。それって、そういう目的をたてて、被害者の名のもとに、その代弁者として、ひとをしたがわせようとしているだけなんじゃないのか。そうじゃなくて、ほんとにベトナムの人たちのことをおもうなら、かれらがどんな苦しいおもいをしていて、どんな怒りをかかえているのか、どんなことをしてほしいのか、考えても、考えてもわかんないだろうと。

でも、それはなんにもしないってことじゃないよ。わかりたいけど、わからない。わかりたいけど、わからない。でも、やっぱりわかりたい、でもでも、やっぱりわからない。アア、アアッ、アアアァァァ!!!　めっちゃとりみだす。自分の脳天がパンパーンッ!!!ってふっとんじまうくらいね。で、そういうとき、ひとってのは相手をおもうあまり、マジでわけわかんないことをやりはじめるんだ。それこそ「無いものを発見する」ってのかな。加害者としてのテメエすらぶちぬいて、これこれのために、これこれの成果をださなくちゃいけないとか、そういう目的なんてぜんぶふっとばしちまって、とつぜん、ふりきれたことをやりはじめるんだ。

そりゃね、日特金を一五分とめたって、なんの役にもたちやしない、ムダでしかありゃしない。でもそれでも自分の身をかなぐり捨ててうごいてしまう。パクられて人生を棒にふってもかまわない。仕事をクビになるかもしれないし、退学になるかもしれないし、その後、定職につけなくなるかもしれない。でも、でも、アア、アアッ、アアァァァ!!! やるならいましかねえ、いつだっていましかねえ。もちろん、ベトナムのことをおもってやっているんだけど、でもこれ、コミュニケーションとかそんなことばじゃいいあらわせないんだよね。加害者だからやってるんじゃない、たんに被害者のためにやっているんでもない、もう名づけようのない、得体のしれない、だれにもなんにも制御できない力が、いまここにあらわれちまってるんだ。しいていえば、それがやさしさってもんだろうか。まあ、相手にとっちゃ、よけいなおせっかいかもしんないけどね。チャッハハ!

いつだって、ひとってのは、あいつらこまってんなっておもったら、なにかしてやりたいっておもうものだ。でもなにもできない、でもなんかしてやりたい、わかりたい、でもわからない。そうおもえばおもうほど、テメエのなかの合理性が錯乱し、もうやめられない、とまらない、異様な力がわきあがってくる。もっととりみだせ、もっととりみだせ。もうなんでこんなことやってんのかわからない。ウオオ、ウオオオォォッ!!! 自由だ、自由だ、自由だァ! あらゆる目的うちくだき、その身体にやどる無償の力を爆発させろ。自発性だけで暴走しようぜ。さけべ、アナーキー!

よーし、そろそろ字数もいいころなので、まとめにしようか。くたばれ、アナルコ・キャピタリズム。くたばれ、サイバネティクス。くたばれ、ファシズム。そんなもののひとコマにすぎないのならば、自律も自己統治もまっぴらごめんだ。なんどでも、なんどでも問いかけてみたいとおもう。コミュニケーションか、それとも棍棒か。躊躇《ちゅうちょ》はいらない。カネにまみれたコミュニケーションをたたきこわせ。えっ、そんなの時代遅れだって? えっ、そんなのムダなことだって? 上等じゃねえか。ムダなことしかしたくはないね。アナキストはムダがいのち。オス、オース、オーースッ、オッス! ファック・ザ・ポリス! ファック・ザ・ソサイエティ! ファック・ザ・ワールド! みんな警察がきらい、社会はクソだ、こんな世界はいらねえんだよ。世界にたちむかう武器はなにか? 棍棒だァ! 現にあるものをぶちこわせ。あたらしいラッダイトがいまはじまる。

第3章 やられなくてもやりかえせ
——アナルコ・サンディカリズムの巻

人間のもっともたいせつな自由は、自分の自由すらぶちこわすことができる自由である

もうこれ以上、はたらけない〜〜〜。たとえば、挫折が目のまえにたちはだかる。そんな夜はひとりで心の音をきけ。たかがこんな自分はとからかってみなよ。くよくよ、するなよ。あきらめないで、JUST A BOY！　おおっと、心の音がでちまったぜ。いやあ、おいら、ここんとこ一年くらい、かきっぱなしでね。もうダメだとおもっていたのだが、担当編集者の渡部さんから、差し入れのビールをいただきましたので、ファイト一発。今回も、少年の心でかかせていただきたいとおもいます。プシュッ、アァ〜ッ、キンキンに冷えてらあ！

ということで、本章のテーマは、アナルコ・サンディカリズム。まあまあ、それがなんなのかについてはおいおいはなしていくとして、結論からいっちまえば、けっきょくカネなんかにしばられないで、めったくそに好きなことをやりまくって生きていってやるぜってことでもあるんでね。ちょっくら、そこからはいってみたいとおもう。ちなみに、みなさん、ジョセフ・プルードンってご存じだろうか。一九世紀、フランスの思想家で、アナーキーってことばをは

じめてポジティブにつかったひとなんだ。オレ、アナキストってね。で、そのプルードンさんに、こんな格言がある。「あなたがされたくないことを他人にしてはいけない。いつでもあなたがされたいとおもった善《よ》いことを他人にするのです」(『労働者階級の政治的能力』)。ぷぷっ。おっと、わらっちゃいけねえよ、ホンキなんだ。

ほら、自分がやりてえなっておもったことって、たいがい他人のためだったりするだろう。おいらだったら、文章をかくとかね。もちろん、好きなことだけかいてるわけだけど、とはいえ文章だからね、ひとさまによんでもらうんだ。そりゃ、うんとおもしれえことをかいてやるぞっておもっているわけだけど、でも他人がなにを考えているかなんてわかんない。じゃあ、自分がサイコーだっておもったことをかいてやれっておもって、そんでもってつきつめて考えれば考えるほど、なにがサイコーかなんてわかんなくなってくる。でも、それでも、ウリャア～ッてかいていると、とりみだすんだ。とつぜん、自分でもおもってもみなかったことをやりはじめる。

ほら、序章でいったみたいに、A4一枚に八〇〇〇字とかね。だれもよめねえ。しかも反原発のデモで撒くのに、「仮病の論理」とか、ひたすら仕事をサボるはなしをかいていたりね。なんでそんなことやったのかわからない。でも、なにかがおりてきたみたいに、いまここで、これをつたえなきゃダメなんだよォっておもえてきて、五時間、一〇時間と、夢中になって文章をかいちまう。ひとさまのため？　自分のため？　しったことか、書きまくれ！　自分でも制御できない力がある。自発性の暴走だ。だれにもなんにもたのまれちゃいないのに、オレが世界一、ヘンチクリンなものをかいてやるぜっていって、とまんなくなってくる。おせっかい上等、ヤレ、ヤレ、ヤッチマエ。でね、そういう力にとらわれたとき、ひとってのは心臓がバクバクするような生の躍動をかんじているんだ。大正時代のアナキスト、大杉栄は、そうやって自分の生きる力をめったくそに爆発させて、その力に酔いしれることを「生の拡充」っていっている。

あっ、もうちょっと丁寧にいっておくと、「生の拡充」ってのは、自分の生きる力をどうひろげるのかも、どこに充実をおぼえるのかも、ぜんぶ自分の勝手だってことだ。そこにゃ、評価も基準もありゃしない。はじめから言っちゃいけないことなんてない、やっちゃいけないことなんてない、ぜんぶ自由だ。やりたいことしかやりたくない。でも、いまいったみたいに、ひとがマジでなんにもしばられなくなるのは、そのさきなんだ。だって、もしひとさまのためであれ、自分のためであれ、オレがやりたいのはこれなんだっていって、その目的どおりのことをやっていたら、なんのおもしろみもないだろう。だいたい、そのやりたいことにしばられて、あれやっちゃダメ、これやっちゃダメっていいはじめていたりする。がんじがらめだ、不自由だ。そうじゃなくて、ひとがほんとに自由になるときってのは、その目的すらみうしなって暴走しはじめるときなんだ。

やりたいことに熱中しまくって、気づけば、そのやりたいことすらぶちぬいている。自分をぶっこわしちまっている。自己テロルだ。もしかしたら、それをやることで、それまで自分がきずきあげてきたものをぜんぶうしなっちまうかもしれない。ひとさまのためっていいながら、このやろうって罵声《ばせい》をあびせかけられるだけかもしれない。あるいは、ただ無視されたりね。大失敗だ。でもその大失敗のはてに、ひとってのは、それまでの自分では予想もしていなかったような自分を手にしている。そうさせてやまないムッチャクチャな力があるってことをかんじている。

人生は爆弾である。いつどこでどう爆発するかわからない。ハラハラ、ドキドキ。ハラハラ、ドキドキ。それがアナーキーを生きるってことだ、生きるよろこびをあじわうってことだ。プルードンが「いつでもあなたがされたいとおもった善いことを他人にするのです」っていっていたのも、そういうことだとおもう。自発性を暴走させろ。自分にたいしても、他人にたいしても、おせっかいをしまくってやれ。おせっかいしかしたくはないね。人間のもっともたいせつな自由は、自分の自由すらぶちこわすことができる自由である。絶対自由を手にしたい。爆破につぐ爆破、そして、さらなる爆破をまきおこせ。「生の拡充」とはなにか？　パンパーーンッ!!!

はたらかないで、たらふく食べたい

だけどね、いまの世のなかじゃ、なかなかそれができない。なんでかっていうと、そこに資本主義があるからだ、カネによる支配があるからだ、その支配にしたがわせる労働があるからだ。いや、この労働ってのがやっかいでね。なんか上から目線で資本主義をたたくのは、いがいとかんたんなんだけど、労働についてはそうはいかない。ひとによっちゃ、カネもちがいばりくさっているのはダメだけど、はたらくことはだいじなんだっていうやつもいたりするくらいでね。気づけば、めっちゃはたらいていて、めっちゃカネに支配されている。だから、なんどでもなんどでも口をすっぱくして、いっておかなくちゃいけないんだとおもう。はたらかないで、たらふく食べたい。腐った労働はいますぐにやめろ。てなわけで、労働ってなんなのかについて考えてみましょう。

おいらが労働について考えるとき、いつも参考にさせてもらっているのが、ジョン・ホロウェイ『革命――資本主義に亀裂をいれる』(河出書房新社)って本だ。ホロウェイはアイルランド出身の思想家でね、いまでも活躍しているひとだ。まだメキシコあたりで教鞭をとっているんじゃないかとおもう。かれはアナキストを名のっているわけじゃなくて、もともとマルクス主義の理論家なんだけど、いっていることがすごくアナキズムにちかいってこともあって、一九九〇年代後半、それこそさっきの章で紹介した反グローバリズムがもりあがっていたころ、めっちゃアナキストによまれていた。

そんで、いっていることがまたわかりやすくてね。ホロウェイは、こんなふうにいっている。「為すこと(doing)」と「労働(labour)」をはっきりとわけて考えましょうと。「為すこと」ってのは、ただやりたいことをやるってことだ。これをやったらおもしれえだろうなとか、これやったらあいつがよろこぶだろうなとか、そういうことでね。これにたいして、「労働」ってのは、見返りをもらうためになにかをするってことだ。これだけのことをやったんだから、これだけの対価をもらうのはあたりまえだ、これだけのカネをもらうから、自分ははたらいているんだと。

でさ、これだけきいていると、あっそうっておもうかもしれないけど、具体例をだしてみるとそのやばさがわかってくる。たとえばってことで、ホロウェイは、ケーキづくりの例をあげているんだけど、こういうんだ。ふつう、ひとってのは「為すこと」でうごいていますよ、カネをもらえるからとか、そういうことじゃなくて、ただ友だちや好きな子がこりゃうめえっていって、よろこんでくれるのがみたくて、ケーキをつくるんだと。もしかしたら、相手をよろこばせたいあまり、ムダにたかい材料をつかってしまうかもしれないし、だれもたのんじゃいないのに、みんなまってろよ〜、オレが世界一のケーキを食わせてやるからなっていって、ムダにこりはじめて、何日も何日もそればかりをやっていて、それでもできなくて、おもいたって、かよっていた学校も家族も恋人もぜんぶ捨てちまって、いきなり海外修業にいっちゃうってこともあるかもしれない。

もうだれのなんのためにやってるのかなんてわからない。でも、そうやってなにかに夢中になっているときって、もうなにものにも代えがたいくらい、たのしいんだよね。そんでもって、まわりがどうおもうかはべつとして、これまでの自分じゃできないっておもっていたような、すんげえケーキができたぞってときの充実感はたまんないもんがある。ああ、やっべえ、これが生きてるってことかってね。心臓がバクバクするぜ。うおおっ、これが「生の拡充」だア、パンパーーンッ!!!

でも、ここに「労働」がはいってくると、はなしがかわってくる。だってさ、いざそれでケーキ屋の店主になったら、とにかくたくさんケーキを売って、そのカネで食っていかなくちゃいけないわけだからね。あの子をよろこばせるために、ちょっとたかいけど、この材料を買おうかとか、そんな悠長なことはいってられない。あたらしいケーキをつくりたいけど、なかなかできないから、半年くらい店を閉めて研究にうちこもうとか、そんなことをやっていたら店はつぶれてしまうんだ。

だから、さいしょは食っていくためにはしかたがないくらいにおもって、売れ筋のケーキをつくっているんだけど、まあ、それはそれで苦労するしね、気づけば、カネ、カネ、カネって、あたまんなかがカネにまみれちまっている。そうだ、ケーキの売り上げをあげることはいいことなんだ、ちゃんとカネをかせげるってことが、一人前のケーキ屋になるってことなんだ、それもできずに、オレのケーキはこれなんだァとかいっているのは半人前なんだよ、素人なんだよ、お子さまなんだよってね。

ほんとはどんなケーキがいいかなんて、ひとによってマチマチだし、そういうヘンなこだわりに生きるよろこびをかんじていたのに、いつのまにかカネっていう尺度がたっちまって、カネにならないものをつくるのはムダなんだっておもうようになっている。カネ、カネ、カネ。

こだわりは捨てろ？　カネをかせげるのがいいことだ？　もうここまでくると、つくるのはケーキじゃなくてもよくなっている。ようはかせげりゃいいのである。すみません、しあわせはおいくらですか？　五〇〇円。

しかも、ちょっと自営業じゃやっていけねえなってことで、ケーキ工場なんかではたらきはじめたら、かんぜんに「為すこと」をみうしなっちまう。自分なりのケーキづくりなんて、もう二の次だ。もうけをあげるために、工場主によってきめられたマニュアルをテキパキとこなす。さいしょはクソつまんねえなっておもっていても、食っていくためにはしかたがないとおもって、毎日、毎日、はたらいていると、だんだんとなれてきて、まあそういうもんだろうっておもえてくる。

でね、これがおっかないのは、工場ではたらくのがあたりまえになってくると、ほかの生きかたがみえなくなってくるってことだ。ちょっとまえまでは、売れないケーキづくりに熱中しながらも、食うぶんだけは小銭をかせいだり、友だちやかの女、親に、ちょっとずつカネをせびってなんとかなってきたのに、そういう体の感覚がきえちまうんだ。工場主から、資本家さまから、カネをもらわなければ生きていけない、そうおもえてきてしまう。ああ、あなたさまがおカネをくださっているから、わたくしどもは食っていけているのです、ありがたや、ありがたやってね。しかも、たまに仕事をホメられて、賞与なんかをもらっちまったもんなら、もううれしくて、うれしくてたまらない。ありがとうございます、このご恩は一生わすれません、ああ、ご主人さまァと。

気づけば、工場のなかに主人と奴隷みたいな関係ができあがっていて、奴隷たちはご主人さまのために、セェッセセッセとはたらくようになってしまう。これ、タチがわるいのは、奴隷が奴隷をたたきはじめるってのかな。おなじ奴隷のなかで、仕事をサボったり、つかえないやつがでてきたら、めっちゃディスって、ポリ公みたいにとりしまるやつがでてくることだ。おまえみたいのがいると、ご主人さまがこまるんだよォと。奴隷のくせに主人のまねごと、四つんばいの人生だ。よっ、奴隷根性！　でね、さらにタチがわるいのは、資本家のほうでね。ほんとうに、おまえらはオレが雇ってやっているから生きていけてるんだぞっていいはじめて、ひとをむっちゃくちゃにコキつかって、それでいてケガをしたり、病気になったやつがいたら、こいつはつかえねえっていって、ポイ捨てをしたりするんだ。資本家はまさに外道なのでございます。

とまあ、ながくなっちまったが、ホロウェイが「労働」についていっているのは、こんなところだ。ほんとうは小銭でもかせぎながら「為すこと」をなして生きていりゃあよかったのに、ふと魔がさして「労働」をはじめてしまうと、そうもいかなくなっちまう。ほんとは、なにをやってもいい、どうやってもいい、ただテメエがサイコーだぜっておもうことをやってりゃあよかったのに、カネをもらえることだけをやりましょう、まわりに評価されることだけをやりましょう、資本家にホメてもらえることだけをやりましょう、それができねえやつらはクソやろうだ、ろくでなしだ、死ね！ってなっちまうんだ。あげくのはてに、調子にのった資本家が、マジで労働者のことを奴隷だとおもいこんで、えらっそうに上からピイピイ、ピイピイと命令しはじめる。おまえはつかえる？　おまえはつかえない？　あなたの生産性はおいくらですか？　ウントコショ、ドッコイショ。人間がカネではかりにかけられる。まるで家畜だ、コンチクショウ！　ピイピイ、ブヒブヒ。ピイピイ、ブヒブヒ。そろそろ、労働運動の出番がきたようだ。

自分をなめるな、人間をなめるな
信じてくれとことばをはなつまえに、信じきれる自分を愛してやれ

コキつかわれて、ふみにじられて、ひとりで泣いた夜、ウィウィウィウィ。てなわけで、サンディカリズムのはなしをしてまいりましょう。いまでもブラックバイトだの、ブラック企業

だのってことばがあるが、「労働」ってのはおっかないもんで、ゆだんをしていると、いつのまにかひどい目にあわされていたりする。もう身も心もズタズタになっちまうくらいにね。ほら、さっきもいったけど、会社ではたらいていると、資本家と労働者でも、上司と部下でも、主人と奴隷みたいになっちまうわけだろう。クソみたいな仕事で、クソみたいなおっさんに、テメエはクソなんだよっていわれていたら、ほんとうにそうおもうようになっちまって、ささいなミスを責めたてられただけでも、ああ、オレはダメなんだっておもうようになる。ボロボロさ。

だから労働者たちはふざけんじゃねえぞってことで、ストライキをやったり、サボタージュをしかけたり、労働組合をつくりはじめたわけだけど、これね、気をつけなきゃいけないのは、ただ資本家に圧力をかけて、賃金をあげろだとか、労働時間を短縮しろだとかいっているだけじゃダメなんだってことだ。だって、どでかい会社組織とたたかうためには、こっちもどでかい組合をつくって、より強力な圧力をかけなきゃいけない、とにかく頭数をふやして、トップダウンの組織をつくって、軍隊みたいにうごけるようにしようってなってくるからね。組合指導部の命令には絶対服従。ただでさえ、上司にムカついていたのに、こんどは組合のおっさんにピイピイ命令されるようになっちまう。これじゃもう会社のミニチュアだ、権力だ。

さらにさらに、どんなにつよくなったって、労働組合だけじゃ権力にたちうちできないときがある。だから共産党だの、社会民主党だの、左派政党に政権をとってもらって、上から資本家をおさえつけてもらわなきゃダメなんだよっていわれはじめるわけだけど、そうなると、組合は特定の政党を支持するようになって、選挙のときはペイペイの労働者たちをフル動員して、キャンペーンをはって、票集めをさせるとか、そういうことをやるようになっちまう。これじゃ、トップダウンのいちばん上ができただけだ。その指示でうごけばうごくほど、みんな、オレたちは政治家先生がいなけりゃどうにもならねえんだ、組合幹部さまがいなけりゃどうにもならねえんだっておもうようになっちまう。そんでもって、上からの命令にしたがわないやつがいるとムカついて、しばきはじめたりね。オレも服従するから、おまえも服従するんだよ？奴隷根性だ。

それにさ、それぞれの労働組合が支持政党をもつようになると、うちわもめがはじまるんだよね。テメエら、なんで共産党を支持しねえんだよとか、なんで社会民主党を支持しねえんだよとかいってね。そんでもめているうちに、資本家から、よし、この工場から組合をおいだそう、じゃあ、ここもっていって攻勢をかけられて、ヤラレちまう。それに左派が政権をとったらとったであやうくてね。政治家の先生ってのは、いくらでも手のひらをくつがえすんだ。いまはめっちゃ不況だからとか、いまは戦時中だからとか、なにかしら危機をあおって、都合のわるいことはやらせないようにする。みなさん、いまはストライキなんておこさないですよね、サボタージュなんてやらないですよね、もしやったら、それ、この左派政権をつぶそうとしているってことですよ、反動的ってことですよ、えっ、それでもやりますか、じゃあ、軍隊でもおくって鎮圧させていただきましょうかってね。はたらけ、はたらけ。あらゆる政治家はクソである。センセー！

どうしたらいいか。一九世紀後半から、そういうのがうんと議論されてきて、そんでもって、フランスの労働運動のなかからうまれてきたのがサンディカリズムだ。ちなみに、サンディカリズムの「サンディカ」ってのは、フランス語で「労働組合」のことでね、それに「イズム」がくっついて、「労働組合主義」だ。じゃあ、どんなことがいわれていたのかっていうと、たんじゅんだ。労働運動の初心にもどりましょう、「労働者の解放は労働者自身によってなされなければならない」と。いま、労働者は資本家からカネをもらわないと、組合幹部や政治家にまもってもらわないと、生きていけないっておもわされている、だから奴隷みたいにいいようにつかわれてる。じゃあ、そこから解放されるためにはどうしたらいいかっていうと、資本家がいなくても食っていけるぞ、政治家がいなくてもやっていけるぞ、テメエのことはテメエでやれ、やれるんだってことをみせつけてやるしかない。ひとりじゃむずかしいかもしれない。だったら、労働組合でやりましょう、てゆうか、労働組合だけでやっちまおうぜってのがサンディカリズムだ。

おまえがやれ、おまえがやれ、おまえが舵をとれ。資本家とやりあうにしても、組合幹部にまかせて交渉をしてもらうんじゃない。みんなでおしかけ、あばれてしまえ。テメエらの力で、やつらをねじふせるんだ。あるいは、国家がクソみたいな法律をつくって、組合を弾圧してきたとしても、政治家にたよる必要なんてない。街頭であばれるもよし、工場であばれるもよしだ。究極の一手は、ゼネラルストライキ。あらゆる生産活動をいっせいにとめて、そんなクソみたいな法律があるんだったら、こちとら、人っ子ひとりはたらかねえぞっていうつよい意志をみせつけてやれ。あとはむこうがおれるのをまつばかり。こっちじゃない、むこうがあたまをさげるんだァってね。

労働組合の組織づくりにしたっておなじことだ。会社みたいなヒエラルキーはいらない。もちろん、でかい会社とやりあうときだったり、悪法をぶっつぶせっていうときに、ひとがうんとあつまるにこしたことはない。だから、いつでも連絡がとれるようにしておきたいんだけど、それが統一された組織である必要はない。会社ごとの組合でも、地域ごとでも、それぞれがゆるやかにつながっていればいい。どこかの組合がいついつどこそこでストライキをうつぞっていったら、よしっ、そんならってことで、いけるやつらが支援にいったり、どこかの組合が役所におしかけてやるぜっていったら、この指とまれで、いきたいやつが駆けつければいい。

逆になんでもかんでも、トップダウン組織をつくって、そのトップの命令にしたがえとかいっていたら、やりにくくてしかたがない。いまはガマンだ、組合員をふやすためには、まちがっても警察沙汰になるようなストライキはダメですからねっていって、統制をかけてきたりね。そんなこといわれたら、いまここで、このクソ上司、死ね！っておもっているこの気持ちはどうしてくれんだってはなしだろう。だから、そうならないように、上からの命令をまつんじゃない、個々の組合の自発性をいかせるようにしましょうっていっているんだ。衝動はある、しかし命令はない。連絡はある、しかし統一はない。プルードンは、こういうのを「連合の原理」っていっていた。中央集権もヒエラルキーもまっぴらごめん、連合主義でまいりましょうぞってね。

さてはて、こんなところで、いったんまとめておきましょうか。日本でも、一九一〇年代から二〇年代にかけて、このサンディカリズムでいきましょうっていうひとたちがジャンジャンでてきていた。でね、そういうやつらをガンガンあおってたのが、大杉栄なんだ。ストライキ！ストライキ！ストライキ！オーレイ！ってね。大杉は、労働運動にとっていちばんだいじなのはなにかってことで、こんなふうにいっている。ちょっとながいんで、中略しながら引用してみよう。

僕等は、自分の生活が自分の生活でないことを、まず僕等の工場生活から痛感している。僕等は自分の生活を、自分の運命を、ほとんど全く自分で支配していない。すべてが他人に課せられている。他人の意のままに、自分の生活と運命とを左右されている。〔中略〕

僕等は、この専制君主たる資本家に対しての絶対的服従の生活、奴隷の生活から、僕等自身を解放したいのだ。自分自身の生活、自主自治の生活を得たいのだ。自分で、自分の生活、自分の運命を決定したいのだ。少なくともその決定にあずかりたいのだ。〔中略〕

労働組合は、それ自身が労働者の自主自治的能力のますます充実していこうとする表現であるとともに、外に対してのその能力のますます拡大していこうとする機関であり、そして同時にまたかくして労働者が自ら創り出していこうとする将来社会の一萌芽でなければならない。

繰返して言う。労働運動は労働者の自己獲得運動、自主自治的生活獲得運動である。人間運動である。人格運動である。

（大杉栄「労働運動の精神」『新編 大杉栄全集』第五巻、ぱる出版）

どうっスかね。さすが大杉、わかりやすいんじゃないかとおもう。ふだんさ、うちらなにもしないでいると、学校にいったらセンセーに命令されるし、工場にいったら上司だの、社長だのに命令されるし、ムダに街をプラプラしていると、おまえは不審者だのなんだのっていわれ、警官に荷物みせろって命令されるし、たとえ部屋にひきこもっていたとしても、生きているだけで税金をはらえとか、はらわないやつは非国民なんだよっていわれて、お役人さまや政治家どもに命令される。チキショウ！

どこにいっても、支配！支配！支配！ 自分の生活が他人のものになっている。いきぐるしい。だったら、そんなもんなくてもやっていけるぞ、そういう力があるってことをみせてやろうじゃないか。とりあえず、工場の奴隷生活をこわすことからはじめてみよう。ストライキ！あばれろ、わめけ、したがうな。あれやれ、これやれって、ピイピイ、ピイピイうるせえんだよ。オレはオレがはたらきたいときしかはたらかねえぞ。労働運動とは、自分の生活を自分でとりもどすってことだ、自主自治的生活獲得運動だ、オレたちは奴隷じゃない、人間なんだってさけび声をあげることがだいじなんだってね。テメエのことはテメエでやれ、やれるんだ。その力のたかまりをテメエの身体にきざみつけろ。人間だ、人間だ、オレもおまえも人間だ。自分をなめるな、人間をなめるな。信じてくれとことばをはなつまえに、信じきれる自分を愛してやれ。それがサンディカリズムの精神だ。ヨーソロー！

はたらいたら、鉄拳制裁!?

とまあ、こういうのがサンディカリズムなんだけど、きほん、政治家や組合幹部にたよらなくても、テメエのことはテメエでやれでいきましょう、会社のなかにつくられちまった支配関係を駆逐していきましょうってことだったんで、アナキズムとつうじるところがある。そんなわけでアナキストのなかに、労働運動をやるやつがでてきて、アナルコ・サンディカリズムってことばがつかわれるようになった。なかには、ガンガン、ストライキをうっていって、そのまま革命までいっちまおうぜっていうやつもいたんで、革命的サンディカリズムっていうときもある。

ちなみに、さっき日本でもっていったけど、世界的に労働組合のなかで影響力をもっていてね、二〇世紀初頭だと、フランスのCGT（労働総同盟）、アメリカのIWW（世界産業労働組合）、スペインのCNT（全国労働者連合）なんかが有名だ。で、このアナルコ・サンディカリズムの理論家に、ルドルフ・ロッカーってひとがいる。かれはドイツ出身で、わかいころから社会主義者だったんだけど、政治活動をやりすぎて母国にいらんなくなって、一八九五年にイギリスへ亡命。はたらきながら、執筆活動をやったり、労働運動にかかわったりしていた。でも、一九一四年に第一次大戦がおこると、いちおうロッカーは敵国ドイツ人なんだよね。しかもロッカーはイギリスを支持するわけではなく、戦争自体に反対していたんだ。これでとっつかまって追放、ドイツにもどってくることになる。その後は、ドイツでアナルコ・サンディカリストとして活躍した。でも、だ。一九三三年、ナチスが政権をとっちまって、こりゃもういられねえってことで、アメリカに亡命。またそこでいろいろがんばっていたと、そんな気骨あるおっちゃんだ。

そのロッカーに『アナルコ・サンディカリズム』（初版は一九三八年）って本があってね。これがまたわかりやすいので、ちょっとだけ紹介しておくと、ロッカーは、アナルコ・サンディカリズムには、ふたつの目標があるっていっている。

(一)労働者が生活水準の維持と向上をもとめて、雇用主とたたかうための戦闘的組織をつくること。
(二)労働者が生産、および経済生活全般を専門的に管理できるようにうながすこと、そういう知識をまなぶことができる学校になること。そうすれば、革命状況が生じたとき、労働者が社会経済機関をみずからの手中におさめ、それを社会主義的原則にそったものに変革することができるだろう。
(Rudolf Rocker, *Anarcho-Syndicalism*, AK Press、著者訳)

(一)は、もう説明はいらないとおもうのでおいておく。(二)は資本家なんかいなくても労働者だけで経済をまわせるようにしちゃいましょうよってことだ。「労働者自主管理」ってことばもあるけど、なにをどれだけつくるのかも、どうやってつくるのかも、それをどうやって売るのかも、会社の収益もなんもかんも、労働組合でやりくりしちゃいましょう、そんでもって職場に支配がないようにしていきましょう、それができたら、ひとつの職場だけじゃない、ほかの組合と連絡をとりあって、もう経済全般の支配をなくしていきましょうってね。もちろん、さいしょからそんなことはできないので、労働者一人ひとりがマネジメントもまなんでいかなくちゃならない。どこでって？　労働組合は労働者の学校である、テメエのことはテメエでやれ、テメエらのことはテメエらでやれ、労働組合はその技をみがくための訓練機関なんだよっていっているんだ。

でもね、なんだけど、どうっスかね。おいらだったら、そこまでやれってひとにいわれたら、いやだねってなっちまうんだけどね。なにが経済だ、なにがマネジメントだ、めんどくせえんだよ、このやろうってね。だってさ、ストライキをうってみて、工場で大暴れして、そんでもって自分は奴隷じゃないぞ、いつまでもだまってしたがうとおもったらおおまちがいだっていう力をみせつけるところまではいいんだけど、そのさきにみんなで工場を管理できるようになりましょうっていわれてもね。べつに工場がほしいわけじゃねえぞっていう。

もちろん、資材を勝手に売っぱらって、カネにするとかだったらいいんだけど、そうじゃなくて、自分たちで工場をまわすとかになると、なんかムダな仕事がめっちゃふえるだけだしね。それでいて、「自分たちの工場」っていう意識がつよいぶん、サボったらしこたま怒られる。まっとうな労働を？　よりよい労働を？　仕事のやりがい？　クソくらえ。あらためまして、ちゃんといっておきたいとおもう。はたらかないで、たらふく食べたい。二四時間、はたら〜きません、はたらかな〜〜い、はたらかな〜〜い、アナキ〜〜スト、はたらかな〜〜い。いいよ！

いやね、なんでこんなことをいったのかというと、伝統的にアナキストのあいだで、こういう議論があるんだよね。「純正アナキズムvs.アナルコ・サンディカリズム」だ。これね、一九〇七年にアムステルダム会議といって、アナキストの世界大会がひらかれていたんだけど、このんとき、イタリアのアナキスト、エンリコ・マラテスタと、フランスのサンディカリスト、ピエール・モナトがめっちゃバトルしてるんだ。それがずっと尾をひいていくんだけど、じゃあ、どんなバトルだったのかというと、ようは純粋にアナキズムでいくぞってひとたちが、サンディカリズムをディスってるんだ。アナキズムってのは、ひとがなんにも支配されない状態をつくりだそうってことでしょう。だったら、労働そのものを廃絶しなきゃいけないだろうってね。

さいしょのホロウェイのはなしをおもいだしてほしいんだけど、労働ってのは、ひとにカネをかせがなきゃ生きていけない、そうしなきゃダメなんだっておもわせる権力をはたらかせている。で、そうおもわされるからこそ、みんなカネをくれる資本家にすがってしまう、主人と奴隷の関係をしいられる。でも、サンディカリズムって、労働組合が経済をまわせるようにしましょう、労働をしきれるようにしましょうっていってるんだよね。これ、一見よさそうなんだけど、よくよく考えてみると、労働組合が経済の主役になろうとしているってだけのことなんだよね。いままで奴隷あつかいされていた労働者が主人になろうとしている。でもさ、それだと「労働者権力」っていう名の、あたらしい権力がたちあがっちまうだけなんじゃないのかってね。
これ、日本でも大杉栄が生きていたころから議論されていてね、大杉もいろいろ考えていたことがあったんだろうけど、ざんねんながら、一九二三年九月一六日、関東大震災の混乱のさなか、憲兵隊に虐殺されちまう。で、対立がエスカレートするのが、そのあとのことだ。大杉の死後、アナキストたちによまれた思想家で、八太舟三《はったしゅうぞう》ってひとがいてね。このひとが純正アナキズムをかかげて、これまためっちゃサンディカリズムをディスっている。たとえば、こんなことをいっている。

労働組合の日常行為は、商的であって、闘争ではない。小売商人が売買によって日常闘争をしていると云《い》えば、可笑《おか》しいと同じく、労働組合の日常の商的行為が闘争であると云うのも可笑しい話である。

（八太舟三「階級闘争説の誤謬」栗原康編『狂い咲け、フリーダム――アナキズム・アンソロジー』ちくま文庫）

八太がいっているのは、どんなにラジカルになっても、労働組合ってのは、カネ、カネ、カネっていってるだけだろってことだ。会社とむっちゃはげしくやりあったとしても、それで賃上げをみとめさせて、わーい！といっていたらカネもうけだろうし、かりに労働組合が経済を手中におさめても、ちゃんとはたらいているやつがまっとうな賃金をもらうべきなんだ、「はたらかざるもの食うべからず」っていいはじめるわけだろう。それって「カネによる支配」を拒絶するどころか、積極的にうけいれちまっているってことなんじゃないか、商的行為なんじゃないか。しかもそういう商的行為に「階級闘争」だのなんだのって、やたら闘争っていうことばをつけているけど、なにが闘争だ、そんなのただの商売だ、わらわせんな、このやろうって、八太はいってるんだ。

じっさい、この意味では、サンディカリズムは「カネによる支配」になっちまう。かりに「労働者権力」みたいのがたっちまったら、おいらみたいに年がら年中、部屋でゴロゴロしていたいっスっていったら、ぶんなぐられるかもしんないし、毎日、だれにもたのまれちゃいないのに、オレは世界一のケーキをつくるんだァっていって、ずっと研究ばかりしていたら、そういうムダなことはやめろって怒られて、ムリやりはたらかされるかもしれない。体をうごかせない障害者が差別をされるかもしれないし、それこそ、工場の肉体労働がメインだったら、これは男の仕事なんだとかいいはって、女は家にいて夫をささえろみたいな、たわごとをいうやつもでてくるかもしれない。はたらかざるもの食うべからず？　ここまでくると、ただの権力だ。

とまあ、そんなかんじで、八太はサンディカリズムじゃダメなんだ、それだとあたらしい支配がうまれてしまう、純粋にアナキズムでいきましょう、支配のない状態をつくっていきましょうっていっている。でね、おいら、ここまでは八太がいっていることもわかるんだけどさ、そのあとがキビしくてね。じゃあ、かれのとりまきのアナキストたちが、なにをやりはじめるかというと、これがね、サンディカリストをしばきはじめるんだ。こいつサンディカリストだぞってやつをみつけたらボコボコにしてしまう。たとえアナキストを名のっていても、こいつまだ「カネによる支配」をぬけきれてないぞ、労働にとらわれているぞっておもうやつがいたら、おまえはサンディカリストだァ、不純なんだよォっていってボコボコにするんだ。はたらいたら、鉄拳制裁⁉

だってさ、これ、いくらでもいえちまうからね。たとえば、一人でビールを飲んでいたら、それどうやって買ったのってきかれて、バイトでカネをためたってこたえたら、それはカネにまみれているぞ、不純だ、ハイ、鉄拳制裁とかさ、あるいは、何人かでおしゃべりをしていて、ちょっと鼻につくことをいうやつがいたら、あっ、いまの上から目線だよね、会社の上司っぽいぞ、こいつ労働を内面化してるんじゃないか、ハイ、鉄拳制裁とかね。これはこれで、もうりっぱな権力になっている。しかも歯止めのない、究極のね。「アナキズム」という名の、「なにものにもしばられない」ための。これじゃいけない。どうしたらいいか。おいら、もういちど大杉栄にもどってみたいとおもう。もうちょっといえば、大杉のまわりにいたゴロツキたちにもどってみたいとおもっている。じゃあじゃあ、こっからちょいと大正時代のアナキストたちに目をむけてまいりましょう。いくぜ、アナルコ・サンディカリズム！

労働運動は気分である

さっきもいったように、大杉栄は一九一〇～二〇年代、アナキズム、サンディカリズムの理論家として活躍していたんだけど、なかでもいちばんあおっていたのがストライキだ。大杉の思想は、ストライキの思想だっていってもいいすぎじゃないとおもう。その大杉の文章のなかに、「自我の棄脱」ってのがあってね。これが大杉のストライキ論っていえるんで、ちょいとご紹介してみたいとおもう。

兵隊のあとについて歩いて行く。ひとりでに足並が兵隊のそれと揃う。兵隊の足並は、もとよりそれ自身無意識的なのであるが、われわれの足並をそれと揃わすように強制する。それに逆らうにはほとんど不断の努力を要する。しかもこの努力がやがては馬鹿馬鹿しい無駄骨折りのように思えて来る。そしてついにわれわれは、強制された足並を、自分の本来の足並だと思うようになる。

われわれが自分の自我——自分の思想、感情、もしくは本能——だと思っている大部分は、実にとんでもない他人の自我である。他人が無意識的にもしくは意識的に、われわれの上に強制した他人の自我である。

百合《ゆり》の皮をむく。むいてもむいても皮がある。ついに最後の皮をむくと百合そのものはなんにもなくなる。

われわれもまた、われわれの自我の皮を、棄脱していかなくてはならぬ。ついにわれわれの自我そのもののなんにもなくなるまで、その皮を一枚一枚棄脱していかなくてはならぬ。このゼロに達した時に、そしてそこからさらに新しく出発した時に、極めてわれわれの自我は、皮でない実ばかりの本当の生長を遂げて行く。

（大杉栄「自我の棄脱」『新編　大杉栄全集』第三巻、ぱる出版）

これ、さっきいった労働のはなしだってわかるだろうか。ふだん、うちらがあたりまえだっておもっている自分は他人によって強いられた自分である。カネをかせぐのがあたりまえ、資本家にしたがうのがあたりまえ。支配されていることがあたりまえ、奴隷のように生きることが自然なことなんだってね。でも、そうやって生きていると、カネにならなきゃ、なにひとつ好きなことができねえし、カネもちにコキつかわれて、自分の人生をふみにじられちまう。だったら、そのあたりまえだとおもってきた自分の皮をひんむいてやるしかない。でも、むいてもむいても皮がある。だってさ、いろんなあたりまえがあるからね。資本家がいなくなっても、組合幹部にしたがうのがあたりまえだとか、はたらかざるもの食うべからずとか、そういうね。

でも、そういうのをむいてむいてむきまくって、それこそ自分が理想としてきた自分すらひんむいちまって、かんぜんにゼロになったとき、はじめてほんとうの自分の人生がはじまる。もうだれにもなんにもしばられない。いつだって、ゼロからはじまるいまこのとき。やりたいことしかやりたくない。そのやりたいことにすらしばられない。いつだれがどこで、どんな生きかたをはじめるかなんて、そんなのだれにもなんにもわからない。生きることは爆弾だ。その力が労働によって封じこめられているならば、もういちどその力を爆発させてみるしかない。生の拡充だ。パンパーーーン!!!

でね、大杉は、これをストライキでやろうよっていっているんだ。もしかしたら、えっ、ストライキって、いったん生産をストップさせて、賃上げとか、労働時間の短縮とかをもとめるものなんじゃないのってひともいるかもしれないが、大杉がいっているストライキってのはそういうんじゃない。大杉はこういうんだ。ストライキとはケンカである、なぐれ、けりこめ、とっくみあえ。一発でもいい、一発でもいいから、社長や上司のツラをぶんなぐってやれば、ぜったいにオレは奴隷だ、この人たちがいなきゃ生きていけないんだっていう感覚が、自分の身体からパッときえちまうからと。いやね、負けちまってもいいんだ。たいていの場合、会社のほうがつよくてね、ボッコボコにされてつまみだされて、あげくのはてに会社クビになっちまったりもするんだけど、それでもメッタクソにあばれまくってやった、その愉快さはもうわすれられない、ああ、オレ、生きてるぜって。その感覚さえ手ばなさなければ、ひとはもう奴隷じゃない。自分の皮なんてペロッとむいちまって、ゼロになって、あたらしい人生をやりなおせるんだ。アーメン、わたしはいう。労働運動は気分である。

じっさい、大正時代のストライキは、こんなかんじのことをやっていた。十代、二十代のわかい子たちがヤイノヤイノとさわぎはじめると、資本家たちはチンピラを雇って、ぶんなぐっていうことをきかせようとする。だから、さいしょの目的が賃上げであれ、時短であれ、いざストライキがはじまると、かならずといっていいほど手がでるんだ。アアッて、気づいたら、だれかがチンピラをなぐりつけていて、もうとっくみあいがはじまっている。そしたらもうヤッチマイナってことで、工場の機械をブチこわしはじめたり、パッてみたら火をつけようとしているやつがいたりね。しかもさ、たいがい警官が駆けつけてきて、それでやられちまったりするんでね。なれてくるとストライキをうつときは、交番のちかくに何人か組合員をだして、警官がでてきたところをとっつかまえて、川にほうりなげるとか、そういうこともやっていた。ドボ〜〜ン！

もちろん、こんなことをやっていたら、けっこうな子たちがクビになって仕事もなくて日中から街をプラプラしているわけさ。いわゆるストライキじゃなくても、会社の上司とやりあって、仕事にあぶれてもうはたらかねえぞっていうやつらだってたくさんいた。群れからはなれっぱなし、ずっとはなれっぱなし、とおまわりのクソたれの人生。そしたらどうせヒマだしね。

カネなし、さきなし、こわいものなし、いくぜってことで、しりあいの工場でストライキがおこったら、よっしゃ、支援だ、支援だっていって、みんなでそこに駆けつけて、ウリャアッって、またとっくみあいのケンカをくりひろげたり、あるいはメーデーや社会主義者の集会にいってみれば、そこで警官との大乱闘がおっぱじまったりするわけだ。

で、そういうのをなんどかやっているうちにケンカ仲間ができてきて、ケンカがおわるとみんなでひきあげるわけだけど、そしたら、いやあ、腹がへったね、カネもないし、きょうどうすっかっていっていたら、たとえば、じゃあきょうは大杉さんのとこでお世話になろうかとかっていって、大杉がやっていた労働運動社っていう事務所なんかに数人でおしかけてくる。大杉のとこ以外にも、そういう拠点がたくさんあってね。タダ飯を食らっては、酒を飲んで気炎をあげて、そのまんま寝泊まりする。で、オレはこんなことをやったんだぜってのを共有して、自分ひとりじゃおもいもしなかったようなあたらしい技をおぼえたり、あるいは、みんなで気炎をあげているときに、どこそこでケンカがはじまったぞっていう情報がはいったら、イヨーシッ、またケンカができるぞォ、ケンカだァ、ケンカだァ、ウーラーッていって、ダッシュでそこに駆けつけるとか、そういうことをやっていたんだ。

えっ、なんの目的でそんなことやってんだって? 賃上げのため? 時短のため? いやいや、もう無職だし。もちろん、ストライキの支援だったら、友だちや友だちの友だちのために駆けつけているんだけど、なにをやってあげればいいのか、考えれば考えるほど、そのおもいが暴走していく。なぐれ、けりこめ、なぎたおせ。大暴れしすぎて、友だちもひっくるめてみんなパクられちまったり、あるいは、これはもう、一九二〇年代後半のはなしなんだけど、あるアナキストが友だちがやっていたストライキを支援するために、社長のお宅訪問でもしてやろうぜっていって、二〇人くらいでとりかこんで、死ね！死ね！ってさけんでいたら、なんかテンションがあがっちまって、家にガソリンをドボドボッてぶっかけて、ほんとに火をつけちゃったりね。ギャアアァァァッ!!! 結果はとうぜん大弾圧。火をつけた本人は中国へ逃げていく。チャッハハ！

だからさ、これ、やっていることが大杉のいっていた「自我の棄脱」なんだよね。工場でとっくみあいのケンカがはじまって、ゼロになったその瞬間に、自分でもしらなかった、とんでもない自分にでくわしたりする。ふだんはめっちゃおとなしいのに、とつぜん会社の上司をなぐりつけたり、組合幹部のいうこともきかずに、棍棒で工場の機械をぶっこわしちまったりね。もう主人も奴隷もありゃしねえ。ヤレ、ヤレ、ヤッチマエ。火のついた猿、火のついた猿。まるで野獣だ。ストライキ！ストライキ！ストライキ！ ストライキにつぐストライキ！ ストライキをこえたストライキ！　ゼロ！ゼロ！ゼロ！　ゼロにつぐゼロ！　ゼロをこえたゼロ！　人生最高の瞬間をあじわいたい。だれにもなんにも、自分にですら制御できない力がある。アナーキー！　その力を身体でかんじろ。労働運動は気分である。

一丸となってバラバラに生きろ

もちろん、これをひとりでやっているだけだったら、会社をクビになって、つぎの仕事をみつけて、それで終わってしまうのかもしれない。でも、そうはならないんだよね。いちど友だちのストライキ支援にかけつけたり、自分たちの味方をしてくれる社会主義者やアナキストの集会にでかけていくと、だいたい襲撃してくる右翼や警官とのとっくみあいのケンカになるんでね、会社や組合の垣根をこえて、ケンカ仲間ができはじめる。そんでもって、一〇人、二〇人でつるんで、おたがいに刺激しあうようになって、しかも、いくつか寝泊まりできる拠点ができると、ここにいったらあいつがいるかもっておもっていってみて、でもいってみたら、しらないやつしかいなくて、ひでえケンカになってはげしくののしりあったり、そのみしらぬだれかに触発されて、またわけのわかんないことをやりはじめたりね。当初の目的をこえていくんだ。

なんか労働運動であつまっていたはずなのに、気づけば、三〇人くらいで、棍棒をもって街をねりあるくようになって、うりゃあっていって、右翼と決闘をくりひろげていたり、ほんとうにひとがあたりまえだっておもっている支配をぶちこわすんだったら、天皇制をうたなきゃダメだろう、天皇は現人神で、臣民はその赤子だからしたがうのがあたりまえとかいわれてるけど、そんなものはマジ迷妄、ウソッパチだ。いちどその神ってのを爆弾でふっとばして、みんなの目を覚まさせてやろうかとかね。

あるいは、みんなで会社の社長宅におしかけたら、意外といけたもんだから、こりゃもう労働組合なんてなくても、直接、やっちゃえばいいいんじゃんっていうやつらもでてきたりしてね。これまで、さんざんカネもちに収奪されてきたんだから、それをこの手でとりもどすんだと。そういって数人でナイフやピストルをもって、大企業のオフィスやカネもちのお宅を訪問する。会社まわりだ。おカネくださいっていって、けっこうな大金をぶんどっていく。まあ、だいたい酒をのんだり、女郎屋にいっちまって一晩でつかっちゃうんだけどね。「リャク」だ。略奪の略で、リャクである。はたらかないで、たらふくたべたい。

ちなみに、大杉は東京にいたんだけど、いまいったようなわかい子たちのうごきは、大阪のほうがすごくてね。これはアナキストの集団じゃないんだけど、「野武士組」って名のっている連中もいた。いい名前だね。しかも、ストライキにつぐストライキからはじまって、そっから派生していった闘争もおもしろくてね。やっぱ、生きていくのにいちばんだいじなのは、住居でしょうってことで、一九二〇年から借家人闘争ってのがひろまっていく。これはもともと逸見直造《へんみなおぞう》っていうアナキストがはじめたもので、当時、みんな長屋ずまいで、貧乏ヒマなし、だから家賃がはらえないなんてあたりまえだったんだけど、ほんとにわるい大家がいてね。キッチリ家賃をはらわないなら、でてってもらうっていって、おいだしにかかっていた。

ゆるせねえ。逸見さんは法律のグレーゾーンをつかってたたかいはじめる。あえて家賃をはらわずに裁判でねばるだけねばって、そんでもって敗訴して、執行人が長屋をあけわたせってやってきたら、家の表札の名義をかきかえておいてね、そしたらあけわたし令状と名前がちがうんで、「あんた、ただしい名義人の名前をかいてきてもらわなくちゃこまりますよ」っていって、おいかえすんだ。これを延々とくりかえしていく。ヘヘッ、狂ってるね。どうもこのころはまだ、仮処分執行ってのがなかったらしくて、そういうのができたらしい。そりゃゆだんしていたら、実力行使で大家にやられちまうんだよ。だから、そうならないように、わかい子たちが、きょうはここんちを支援しよう、きょうはここんちだっていって、寝泊まりにくるんだ。そんでね、悪徳大家がこようもんなら、オレたちを住居からおいだすということはオレたちを殺そうとしているのとおなじことだ、人殺し、人殺し、生存権をまもれって、まくしたてるわけさ。こりゃたまらん。

でさ、そういうことをやる人たちが続々とあらわれてきてね。東京からも、その支援に駆けつけた人たちがいっぱいいたんで、みんなもどってから、おなじようなことをやりはじめる。でも、裁判はめんどくさいんで、大杉やまわりのゴロツキたちは、たんにカネをはらわずに、集団で住みこんで実力行使。大家があたまをさげて、これでカンベンしてくださいっていって、カネをくれたら、しょうがねえべなとかいってでていくとか、そんなことをやっていたんだそうだ。いいね！

とまあ、ながながとかいてきたが、いいたかったのは、「サンディカ」って、そういうもんだったんじゃないかってことだ。もちろん、訳語としては「労働組合」なんだけど、当時、ばくっともたれていたイメージは、組織じゃないんだよね。むしろ、そんなもんはとうにとびこえちまって、よっしゃ、ストライキだ、よっしゃ、ケンカができるぞっていって、ひとさまの工場につっこんでいったあいつらのことなんだ。あるいは、そのストライキっていう目的すらとびこえちまって、わけのわかんないことをやりはじめたあいつらのことなんだ。ストライキ！ストライキ！ストライキ！ストライキにつぐストライキ！　ストライキをこえたストライキ！　そういや、さいきん、労働運動研究者の入江公康さんが、「サンディカ」についてこんなふうにいっている。

歴史をふりかえれば、組合という名前がついておらずとも、非常に重要な役割をはたした労働者の集団が無数に存在してきた。そのような集団の生命力、闘争力をこそ、ふたたび獲得する必要がある。

（入江公康「サンディカ」『現代社会用語集』新評論）

セイ、イエス。もちろん、そういうひとのあつまりって、組織じゃないからすぐにバラけるんだ。でも、だからこそ、いろんなヘンチクリンな連中とであって、こっちもヘンチクリンなものに化けていく。なんどもなんども、自分をぶっこわして、得体のしれないなにかに変わっていくんだ。もちろんだからといって、ただバラバラだったわけじゃないよ。みんな権力にたいして、ふざけんじゃねえぞっていう怒りはもっていたわけだし、自分がぶっこわれて、ゼロになったときの愉快さみたいなもんは共有されていた。ともにたたかったことで、信頼だってつちかわれているしね。でも、だからこそなんだよね。いざ、それでうごきはじめると、みんななであしよう、こうしようってきめていたことを、いい意味で、裏切りはじめるんだ。

ストライキでとっくみあいのケンカがはじまると、だれかが怒り狂って、とんでもないことをやらかしたりするんだけど、だいたい、それをみてるこっちもウギャアッ！ってなって、ああ、あんなこともやっていいのか、こんなこともやっていいのかって共鳴していく。あるいは、それでクビになっちまったとしても、そんなもん笑いとばしてやっぱりとんでもないことをやらかしているやつをみていると、こっちも笑いはじめて、いっしょにわるのりにつぐわるのり、そしてさらなるわるのりをはじめていく。できる、できる、もっとできる、なんでもできる、もっとできる。だれかがいけるところまでいってみる。それに触発されて、まただれかがいけるところまでいってみる。そうして、みんなヘンチクリンなものに化けていく、あたらしい得体のしれない自分を手にしていくんだ。なにせストライキという目的すらとびこえて、リャクとか借家人闘争とか天皇制爆破とか、自分でもおもってもみなかったようなことをジャンジャンやりはじめて、とまんなくなっちまっているわけだからね。なぜそんなことをはじめたのかわからない。やることなすこと根拠なし。制御できない力がある。手に負えない。こわせ、こわれろ、こわされろ。バラバラ、ガラガラ、ドシンッ！

そうそう、プルードンの有名なことばに、「人間は植物や水晶とおなじようにひとつの集合体である。しかしより高次の集合体である」(『進歩の哲学の諸原理』)ってのがあるんだけど、たぶんそういうことなんだよね。ひとってのはちょっとした出会いによって、そのつるみかたによって、なんにでも、またなんにでもなれる。　野獣にでもなれるし、盗賊にもなれるし、野武士にもなれるし、不法占拠者にもなれるし、法律家にもなれる。ひとりで群れだ。潜在的に、ひとは無数の自分をもっている。第1章で「自然とは暴動である」っていったんだけど、「自然」ってのはいつどこで爆発し、なにをまきおこすのかわからない力なわけさ。いつだって予測不能。ハラハラ、ドキドキ。アナーキーだ。

だから、「サンディカ」ってなんなのかというと、ひとを「自然」にちかづけようとするものだってことだ。衝動はある、しかし命令はない。共鳴はある、しかし統一はない。バラけることを前提にして、ひとが群れあつまる。一人じゃなにもおこらなかったかもしれないけれど、ギュギュっと、わけのわかんない連中とつるんでみたら、しらずしらずのうちに、自分もわけのわかんないものになっている。これから、マジでどうなっていくのかわからない。ハラハラ、ドキドキ。「サンディカ」ってのは、そういう機会をどんどんどんつくりだしていくマシーンみたいなものだったんだとおもう。

もうちょっとだけ、いっておくよ。さいきん、友だちが訳してくれて、フランスのアナキスト、ダニエル・コルソンの文章をよくよんでいるんだけど、かれは「サンディカ」についてこんなふうにいっている。

労働者運動の枠内でみずからをひとつの実行力として構成するそれぞれの力は、それじたいですでに、多種多様で特異な諸力からなる構成物である。〔中略〕しかしその力は、それじたいですでに、それぞれが自律したものである諸力の、極度に複雑な構成の結果である、一度たりとも均衡のとれたことのない「合成力」なのである。

（ダニエル・コルソン、五井健太郎訳「ニーチェと絶対自由主義的労働運動」『ＨＡＰＡＸ』vol.10、夜光社、近刊）

ようするに、「サンディカ」ってのは、いろんなやつらが、その特異な力を発揮しようとしてぶつかりあい、くみあわさってできた合成力なんだってことだ。ストライキでもなんでも、一丸となって権力とたたかう。でも、それはあくまで力と力のぶつかりあいであって、ひとつにまとまったり、統一された組織になることはない。気があわなくて反発しあって、これでもかこれでもかとディスりあって、パッとはなれていくこともあれば、うまくくみあっていても、いっしょに行動しているうちに、たがいの力に触発されて、一人ひとりの力がまったくべつのものに化けちまって、とつぜんバラッバラになっちまうこともある。「サンディカ」とは、「一度たりとも均衡のとれたことのない「合成力」なのである」。ちゃんと強調しておくよ。均衡がとれていないからこそ、そこからいつどこでどんな行動がはじまるのかわからない。つねに爆発寸前なんだ。手に負えない。

おいらもあんたも、そこのあなたも、生きる力を爆発させて、たがいにたがいの爆発をひきおこそう。あらためまして、プルードンの格言だ。「いつでもあなたがされたいとおもった善いことを他人にするのです」。えっ、なにをするのって？ そりゃ、自己テロルだよ。おいらもあんたも、そこのあなたも、自分をこわし、得体のしれないなにかにかわる。たぶん資本家にとって、そんなにこわいものはないだろう。だって、なにをしでかすかわかんないんだから。それまで会社でつかえねえなっておもっていたやつが、とつぜん大暴れしはじめて、野獣のようにさわぎたてて、手に負えなくなっちまったり、マジで盗賊みたいになって、はたらかないで、たらふく食べはじめたりね。そういうやつらがひとりじゃない、続々とうみだされてくるんだ。「自然」になれ、「自然」になれ。アナーキーは制御できない、でも、まきちらすことはできるんだ。アナルコ・サンディカリズムとはなにか？ 一丸となってバラバラに生きろ。

ようこそ、ファイトクラブへ

それじゃまとめにしましょうか。さっきも紹介したダニエル・コルソンに『アナキズム哲学小事典』ってのがあってね。このコルソンさん、もう七〇歳をこえるおジイさんなんだけど、その思考はいまだおとろえしらず。でね、この本のなかで、アナルコ・サンディカリズムについて、こんなふうにかいている。

じっさい、アナルコ・サンディカリズムや革命的サンディカリズムの着想のなかでは、しばしば主張されていることとは反対に、解放という観点から見た場合、労働者階級の第一にして原理的な定義は、階級闘争や、国家やブルジョワジーに抗する闘争によることはない。その革命的な力能は本質的に、みずからの独立のために役立つことや、その必然のためのあらゆることを準備しながら、自律的で独立した力能を構成することにこそある。アナルコ・サンディカリズムや革命的サンディカリズムにとって、労働者階級はなによりもまず根本的なかたちで、離脱しなくてはならず、残りの社会といっさいの共有をしないようにしなくてはならない。労働者運動のこうした絶対自由主義的な局面に固有の言説のなかでは、こうした区別の運動は、ニーチェ的な観点からしてひじょうに明快な、労働者分離主義という名前をもっている。労働者運動は、社会の残りからみずからを「分離」しなくてはならないのである。

（ダニエル・コルソン、五井健太郎訳「主人／奴隷」『アナキズム哲学小事典』夜光社、近刊）

いくらあたまにアナルコってつけていても、サンディカリズムというと、どうしても労働組合が権力をにぎって、経済をまわせるようにしましょう、国家がなくてもやっていけるようにしましょうっていうイメージをもってしまう。じっさい、そういうことがいわれてきたしね。でもこれだと、それまで奴隷だった労働者が主人になるってだけのことだ。あたらしい支配がうまれてしまう。だからコルソンはそれじゃダメなんだっていったうえで、でもアナルコ・サンディカリズムの魅力はそこじゃないよといってるんだ。労働組合じゃない、「サンディカ」だ。労働組合のまわりで、いや、もっと地べたでうごめいている労働者たちをみなくちゃダメなんだと。それこそゴキブリみたいに、予測不能なうごきかたをしているあいつらをってね。カサコソ、カサコソ。デシッ！

　そこかしこの労働者たちが、われもわれもと「サンディカ」にあつまってくる。それまであたりまえだとおもってきた支配がぶちこわされていく。みんながみんな、主人と奴隷の関係から離脱していく。この腐った社会から分離していく。労働者分離主義だ。ほら、「サンディカ」につどうってことは、「あなたがされたいとおもった善いことを他人にするのです」ってことでもあるからね。きょうもあしたも自己テロル。自分の人生を爆破しろ、ついでにあいつの人生も爆破してやれ。たえず自分をゼロにして、主人でも奴隷でもない、自由な生をつかみとれ。そうじゃないと、たとえ「アナキズム」を標榜していても、その純粋な理想のために、テメエらしたがえっていって、主人面するやつらがでてきちまうからね。そういうテメエごと、なんどでもなんどでも、ふっとばして生きていきたい。いつでもそれができるように、自分をひらいてゆきたい。

　アナルコ・サンディカリズム。それはけっして均衡のとれない力の合成だ。生は永久の闘いである。闘え、闘いは生の花である。みのり多き生の花である。ストライキ！ストライキ！ストライキにつぐストライキ！　ストライキをこえたストライキ！　ゼロ！ゼロ！ゼロ！　ゼロにつぐゼロ！　ゼロをこえたゼロ！　人生最高の瞬間をあじわいたい。やられたらやりかえせ、やられなくてもやりかえせ。ようこそ、ファイトクラブへ。合言葉はただひとつ。

一丸となってバラバラに生きろ。

第4章
われわれは圧倒的にまちがえる
——アナルコ・フェミニズムの巻

弱者は死ぬんだよォーーーッ!!!

あれは三年まえ、大阪でのことだ。ちょっとしたアナキストのつどいがあって、おいらも参加したのだが、そのときはなしのながれで、ちょびっとブラックブロックや大正時代のストライキのはなしをしたんだよね。ようこそ、ファイトクラブへ。でね、社長の家が燃やされるとかサイコーっしょっていいながら、ヒャッハッハってわらっていたら、あんのじょう、いじわるな質問をしてくるひとがいてね。こういうんだ。「あんたら、たのしそうにアナキストがあばれたはなしをしているけど、ボクみたいな弱者はそんなことできないんですよ。あんたら、自分たちだけ好き勝手にやっていればいいんですか？　もっと弱者によりそうべきじゃないんですか？　みんなでいっしょに行動できないようなことをするのは、強者の論理なんじゃないですか？」ってね。

ああ、めんどくせえな。そうおもいながらも、なんかていねいにこたえなくちゃいけねえなとおもって、二、三秒、考えていたら、となりにすわっていた女性のアナキストがスッとたちあがって、とつぜん大声でこうさけんだんだ。

弱者は死ぬんだよォーーーッ!!! だから、闘ってるんだろうが!

ガーーーンッ!!! これがまたドスのきいたいい声でね。おいら、ドギモをぬかれちまったよ。脳天、パンパーーーンッさ。たぶん、この女性はおいらよりもはるかに敏感に、なにをいわれていたのかをかんじとっていたんだとおもう。だってさ、いわれていたのって、自分たちがしいられている弱さを、そのまま自分のアイデンティティとしてひきうけましょうってことだからね。資本家と労働者でもいいし、夫と妻でもいいんだけど、この社会では、どこにいても主人と奴隷の関係をしいられている。そんでさ、奴隷ってのは主人よりも劣っているから、弱い存在だから、ご主人さまにまもってもらわなきゃ生きていけない、だから、ご主人さまにいわれたことにしたがわなきゃいけないっておもわされているわけさ。しかもそれになれてくると、ご主人さまにしたがうことが、ご主人さまのお役にたつことが自分の美徳だともおもえてくる。

そうすると、転倒したことをいいはじめるんだよね。奴隷のくせに、ご主人さまにさからうなんて反道徳だ、わたしたちは弱い存在なのに、それをかえようだなんて、強者の論理じゃないですか、ひとりそんなことをやりはじめたら、みんなが食べさせてもらえなくなっちゃいますよ、迷惑なんですよ、やめろってね。で、こうなるんだ。みんなのメリットになることをやりましょうよ、みんなでひとつになりましょうよ、みんな、ご主人さまがいなくなったら生きていけないんだから、がんばってはたらいて、ご褒美でももらえばいいでしょうと。それでもご主人さまにさからうとかいってんのなら、そいつは弱者をやめようとしているんだ、強者なんだよ、マッチョなんだよ、みんなのことを考えていないんだよ、非民主的なんだよってね。

　だからね、おいら、「みんなで」ってことばが大ッキライなんだよ。みんな弱者なんだから、それで統一がとれていなくちゃいけないんだとかいって、そこから抜けだそうと必死になってつよくなろうとしているやつが強者だとか、マッチョだとか、非民主的だとかって、えらくディスられる。大杉栄は、こういうのを「奴隷根性」っていっていたけど、ようするに弱者による弱者のとりしまりなんだよね。弱者によりそえ？　権力にたちむかうのは強者の論理だ？　あらがうな、したがえ？　あばれるな、したがえ？　したがえ、したがえ？　ただの支配だ、このやろう。あらためまして、こういっておきたいとおもう。弱者をカサにきて、弱者をとりしまるのはもうやめにしよう。弱者は死ぬんだよォーーーーッ!!!　おら、つよくなりてえ。おらも、おらも、おらも、ミートゥー！

だまってトイレをつまらせろ

じゃあ、どうやったら、弱者はつよくなれんのか。もちろん、そのやりかたはさっきのストライキにしぼる必要はないんだよね。そりゃ、ひとによって腕っぷしのつよい、よわいはあるわけだし、ケンカの好きキライだってあるだろう。みんながみんな、真正面からぶつかっていかなくたっていいわけだ。おしてダメなら、ひいてやれ。えっ、それって卑怯じゃないっスかって？　ヘヘッ。でね、おいら、そういうことを考えるときに、いつも参考にさせてもらっているのが、船本洲治《ふなもとしゅうじ》だ。

船本さんは、一九六八年から東京の山谷《さんや》、そして大阪の釜ヶ崎にとびこんでいって、わずか数年で、それまでなかった日雇い労働者の運動をつくりだしていったっていう、すげえ活動家だ。もしかしたら、山谷、釜ヶ崎っていってもわかんないひともいるかもしれないが、これ、寄せ場っていわれている場所でね。日雇いの仕事をあっせんする手配師がやってきて、そこに仕事をもとめてひとが寄せあつまってくる。それで寄せ場っていわれているんだけど、その手配師のバックにヤクザがいたりしてね。

そいつら、いちどおっちゃん、あんちゃんたちを雇ったら、いっぺんにタコ部屋っていう掘立小屋みたいなとこにほうりこんで、それがまためっちゃ不衛生なあげく、メシ代だの、作業道具代だのっていって、給料をピンハネして、文句をいったらぶんなぐり、しかも逃がさないように監禁状態にするとか、そういうことをふつうにやっていたんだ。だから、それにあらがうためにはヤクザとのバトルもくりひろげなくちゃならなかったわけなんだけど、だからこそ、そのたたかいかたを考えなくちゃいけなかった。じゃあ、船本さんがどういうことをいっていたのかというと、こうだ。みずからの抑圧された存在状況そのものを武器に転化しろ。イヨーシッ！

これね、ひとつは暴動を意識していっているんだ。一九六一年から、山谷、釜ヶ崎ではなんども暴動がおこっていてね。でも、左派もふくめて、ほとんどかえりみられることはなかった。てゆうか、バカにされていたんだ。あいつら、どうせ酒でも飲んで、酔っぱらってあばれてるだけだろう、そんなのただの犯罪だ、不道徳だ、クソなんだよってね。じっさい、日雇い労働者たちは、そういう負のレッテルをはられていた。あいつら定職につく気がないんだ、なまけものなんだ、アル中なんだ、市民規範がないんだよ、クサイ、キタナイ、きもちわるい、悪党、与太者、ろくでなしってね。

でも、船本さんはちがう。いま日雇い労働者たちは、この社会から見捨てられている。こいつらなんにもできないダメなやつらなんだってね。だけど、そこにただしい市民のモラルみたいのをふりかざして、これこれこういうルールにしたがって、こういう交渉をして、これだけの権利をかちとろうとかいっていてもダメなんだ。そんなのこわくもなんともないし、それを指導するお偉いさんたちに、おまえらはオレにしたがわなきゃダメなんだって、またあたらしく支配されるだけのことだ。

そうじゃなくて、ほんとうにこわいのは、こいつらなんにもできないっておもわれていた連中が、とつぜんあばれはじめることなんだ。たとえばある日、路上でおっちゃんが死んでいたりしてね。でも、警察はそれを何時間も放置して、ほんとに犬の死骸みたいなあつかいをした。あっ、犬にだってそんなあつかいしちゃダメなんだけどね。とはいえ、そんなのゆるせねえ。じゃあどうしたらいいかっていうと、クサい、きたない、どんとこいだ。この社会がみたくない、フタをしたいっておもっていた連中が、そのままのすがたでとつぜん街頭にくりだしてくる。そして、荒れ狂うんだ。

法もモラルもしったことか。石つぶてにつぐ石つぶて、そしてさらなる石つぶてだ。空き瓶、自転車、なんでもかんでもなげつけろ。車もタイヤも燃やしてしまえ。指導しているやつがいないから、だれにもどうにもとめらんない。交渉は不要である。石！石！石！火！火！火！石！石！石！　火！火！火！　社会がふるえあがる。社会の番犬、ポリ公どもがふるえあがる。手におえねえ。血のさけびをあげろ、これがオレたちだァって、高らかに宣言してやれ。「暴動は下層労働者の自己表現である」。

とまあ、船本さんがいっていたのはそういうことだ。みずからの抑圧されたその存在状況を武器にしろ。もうちょっとわかりやすいことばにすれば、弱者がその弱さにひらきなおって、それを武器にしてたたかえってことだ。すると、相手はそんなたたかいかたがあるだなんておもっちゃいないから対応できない。いきなりたたかいのフィールドを変えるってのかな、土俵そのものをひっくりかえしちまうんだ。いつだって、非対称なたたかいをしかけよう。しかもこれ、ほんとにすげえ力を発揮してね。一九七二年五月に「鈴木組闘争」ってのがあるんだけど、鈴木組ってのは暴力団で、釜ヶ崎に手配師をだしていたとこだ。その鈴木組が労働者をラチして、リンチにかけるって事件があった。

とうぜん、釜ヶ崎の活動家たちはたたかおうぜってよびかける。すると、そこに鈴木組の連中が襲撃をしかけてくるんだ。組長を先頭に、木刀をもった組員がわんさかと襲いかかってくる。なんだ、オラーッ、もんくあんのかってね。こわすぎだ。でも、これに真正面から応戦。

すると、まわりにいた日雇いのおっちゃんたちが、グワァッていっせいに群がってきて、加勢してくれるんだよね。もんくあるにきまっててんだろ、このやろうってね。棍棒でヤクザどもをうちのめす。瞬殺だ。さいごは組長をみんなでとりかこんで、土下座させるところまでいったらしい。やばい、かっこよすぎだ、センパイ！　でね、テンションのあがったやつらが鈴木組の車に火をつけたりして、ウギャァァァッ!!!ってさわいでいたら、警察が弾圧してきてね。そしたらまた、こっちもアガっちまって大騒動。いやあ、たまんないね。ヒャッハー！

そんでもってだ。この弱さにひらきなおって、なんかやらかすってのがさらに力を発揮するときがあってね。船本さんは、それが日雇い労働者の日常なんだっていっている。たとえば、ということで、船本さんはトイレットペーパーのはなしをもちだす。これさ、いまでもそうだとおもうんだけど、おなじ仕事をしていても、正社員と日雇いとでは雲泥《うんでい》のちがいがあるんだよね。差別的待遇だ。カネのはなしだけじゃないよ。船本さんがはたらいていたとこじゃ、トイレがちがうんだ。正社員のトイレにはトイレットペーパーが完備されている。でも、日雇いのほうにはそれがない。テメエらみたいなクズどもに、くれてやるトイレットペーパーはねえってことなんだろう。チキショウ！　じゃあ、どうしたらいいかっていうと、船本さんは三つのやりかたがあるっていっている。ちょっとながいけど、すげえいい文章なので引用させてもらおう。

①労働組合は広範な労働者に呼びかけ、代表団を結成し、会社側と交渉し要求を受け入れてもらう。②戦闘的青年労働者は闘争委員会を結成し、暴動を起すぐらいの実力闘争をやり、会社側を屈服させ、要求を呑ませる。③ある労働者は新聞紙等の固い紙でトイレをつまらせる。

――①は、現実の階級支配を認め、自己を「弱者」として固定し、敵を対等以上の交渉相手として設定し、自己の存在を敵に知らせ、陳情する。

――②は、現実の階級支配にいきどおり、自己を「強者」として示し、敵を対等以下の交渉相手として設定し、自己の存在を敵に半分知らせ、実力で要求を呑ませる。

――③は、現実の階級支配を恨み、自己を徹底した「弱者」として設定し、したがって自己の存在を敵に知らせず、かつ敵を交渉相手として認めず、隠花植物の如く恨みを食って生きる。結果的には会社側はトイレの修理代が馬鹿にならぬのでチリ紙を完備するであろうが、③の思想性は他の①や②と比較して異質である。第一に「弱者」としての自己に徹していること、第二にそれゆえ敵に自己の存在を知らせず、ただ事実行為によってのみその存在を示していること、第三に敵を交渉相手として設定しないために、この闘争は必然的に最初からプロレタリア権力として宣言していることである。

（船本洲治「現闘委の任務を立派に遂行するために」『新版　黙って野たれ死ぬな』共和国）


えっ、なにをいってるんですかって？　だいじなのは三つ目だ。だまってトイレをつまらせろ。トイレットペーパーがないのなら、そりゃ、新聞紙や雑誌をビリビリってやぶって、ケツのクソをぬぐうしかない、とうぜんだ！　そんで、それをバシバシ捨てていりゃあ、すぐにトイレなんてぶっこわれちまう。でさ、そうなるとトイレがつかえない、じゃあ、みんなはたらけない、きょうはお休みだァってなるわけさ。ザ・サボタージュ！　そんなん、会社からしたらたまんないからね。いやおうなく、ちゃんとトイレットペーパーでもチリ紙でも置いとかざるをえなくなる。圧勝だ。

もちろん、トイレをなんとかするために、会社におねげえしますよって陳情するやりかたもあるかもしれないし、逆に、むっちゃ圧力をかけて、強制的にそうさせることもできるかもしれない。でもそれだけだと、会社と日雇いのあいだに、主人と奴隷の関係があるってことを前提にしちまっているんだよね。強者である会社になんとかしていただくか、こっちが主人みたいになって、強者になって会社をぎゅうじるかってね。どっちにしても支配はなくならない。てゆうか、そもそも日雇い労働者には、会社と交渉する回路がない場合のほうがおおいわけだしね。そりゃ、やるしかねえ、ふくしかねえ、捨てるしかねえ。だまってトイレをつまらせろ。センパイ、センパイ、センパーーーイ！

でね、これがすげえのはとめようがないってことだよね。なんせ、みんなシレっと新聞紙をつまらせていくんだから。だれがやったかなんてわかんない。しかもあきらかにつよいんだけど、それがどういうつよさなんだかわかんない。もはやテメエら弱いんだよ、なんにもできないんだよっていわれてきた奴隷じゃないし、かといって、主人の強さを身につけているわけでもない。みずからの弱さに徹することで、その底をぬいちまってるんだ。主人でも奴隷でもない、そういう関係からスルッとぬけだして、得体のしれないなにかに化けちまっているんだ。

船本さんは、これを「プロレタリア権力」っていっているけど、どうっスかね。たぶん、これ、いわゆる権力じゃないよね。はじめから、この社会をハミだしてるってのかな。この社会から見捨てられ、クソミソにいわれて育まれてきた圧倒的な敵意。その敵意そのままに生きはじめたら、そりゃ、ひとは社会から離脱しはじめるわけさ。まったくべつの生がはじまっていく、自律だ、その力があるってことだ。群れからはなれっぱなし、ずっとはなれっぱなし、とおまわりのクソったれの人生。だまってトイレをつまらせろ。恨みを食らって生きる隠花植物たちよ、たちあがれ。クソにまみれたそのクソったれの人生を、そのまんまのすがたでぶちまけてやれ。やられたらやりかえせ。やられなくてもやりかえせ。黙って野たれ死ぬな。

結婚制度なんていらねえんだよ! あんちくしょうけっとばし、トンズラしようか

さてはて、なんでこんなはなしをしたのかっていうと、これからアナルコ・フェミニズムのはなしをしたいからなんだ。えっ、ずいぶん、とおまわりしてんじゃんっておもわれるかもしれないが、そこはとおまわりのクソったれの人生ってことで、ご容赦を。じつは、自分の弱さにひらきなおるってのを徹底してやっていたのがフェミニズムなんだけどね。でもだからこそ弱さを武器に転化してたたかうってのと、その弱さをこじらせて、より弱いものをとりしまるってのは、まったくべつのことなんだってのを強調しておきたかったんだよね。

てなわけで、こっからは元祖、アナルコ・フェミニストのはなしをしていきたいとおもう。エマ・ゴールドマンだ。ちなみに、かの女はアナルコ・フェミニストを名のっていたわけじゃ

ない。たんにアナキストを名のって活動していたんだけど、でも女性解放の文章もガンガンかいていてね。そういうこともあって、のちにアナルコ・フェミニストってよばれるようになった。まずは、その半生をご紹介してみよう。いくぜ！

エマ・ゴールドマンは一八六九年、リトアニアうまれ。ユダヤ人だ。ちっちゃいころ、お父さんが投機に失敗してドビンボーに。エマは、プロイセンのケーニヒスベルクにあったおばあちゃんちにあずけられて、そこで学校にかようことになった。でも、その家にいた叔父さんがまたひどいやつでね。仕送りがたんねえよっていって、カネをもらうだけもらっておいて、ろくにメシを食わしてくれなかったり、学校をやめさせられそうになったりしたんだそうだ。チクショイ！　でも、おばあちゃんはやさしかったし、かよっていた学校の先生がむっちゃよくしてくれてね。ドイツ系のユダヤ人で、やさしくドイツ語とロマン派文学をおしえてくれた。ダンケ！

一八八二年、お父さんがペテルブルクの織物商ではたらいているというんで、そんじゃあってことで、みんなでそっちにうつりすむことになった。あっ、いざいってみたら商売は破産していて、けっきょくエマも工場ではたらくことになるんだけどね。まあまあ、とはいえやってきました大都会。このペテルブルクにきてから、エマはチェルヌイシェフスキーの小説、『何をなすべきか』をよんだ。もう大感動だ。当時、ロシアではヴ・ナロード（人民のなかへ）ってのを合言葉に、若者たちがまずしい農村にとびこんでいって、地主や帝政への反乱をよびかけていたんだけど、この小説はそういう子たちの教典みたいになっていたんだ。わかいエマも反抗心バリッバリ。ファック・ザ・ポリス！ファック・ザ・ステイト！ファック・ザ・ワールド！

一五歳のとき、エマはお父さんにムリやり結婚をさせられそうになるんだけど、これに猛反発。あたしゃ、好きなひととしかいっしょにならないよっていって、つっぱねた。もっといろんなことを学びたい、もっといろんなところを旅してみたい。それをきいて、お父さんはマジ激怒。「女は魚の味つけと、麺の切りかたくらいおぼえときゃいいんだよォ！あとは、男のために子どもを産むだけだろうがァ！」ってね。クソしてねやがれ。エマは頑として首を縦にふらず、ひたすら読書につぐ読書、そしてさらなる読書だ。すると、お父さんはエマの本をパッとうばって燃やしはじめる。アアッ!!! とめにはいるエマ。これにお父さんはまたキレて、このやろうっていって、エマをビシッビシッとムチでたたきはじめた。ちええっ！ちええっ！いてえよ。

その後、エマはお父さんにピイピイいわれながらも、ペテルブルクのコルセット工場ではたらいていた。でも仕事はきついし、たいしたカネにならないしね。やってらんねえよ。父親の束縛にも、もうたえられない。カネなし、さきなし、こわいものなし。そんじゃ、そろそろ逃げだしてやりますか。いざ、新天地へ。そのころ、いちばんうえの姉ちゃん、レナがアメリカではたらいていたんでね。すぐうえのヘレン姉ちゃんとはなして、いっしょにアメリカにいくことにした。

一八八五年一〇月、ふたりはレナ姉ちゃんをたよって、ニューヨーク州の北西部にあるロチエスターへ。エマは、外套の縫製工場ではたらきはじめた。一日一〇時間労働で、週給二ドル五〇セント、いまでいうと五〇〇〇円くらいだ。ひどい。ようするに、長時間のうえに、給料がやすいんだ。しかも、さすが効率重視のアメリカさんだ。ロシアの工場とはちがって、となりにいる女工さんとおしゃべりをしたり、歌をうたうこともゆるされない。チョビッとでもしゃべると、監視員にめっちゃ怒られるんだ。

でね、ある日のこと、エマがパッとみたら、ちかくの女工さんが気絶していたらしいんだよね。ろくにメシも食っていなかったんだろう。こりゃまずいとおもって、エマがたちあがったら、これまたクソ監視員が「なにやってんだ、テメエ！」ってどなってきたらしいんだよね。なにが、なにやってんだだよこのやろう。そうおもったエマは、おもわずこうさけんだんだ。

「テメエは人間じゃねえ、死ねー！」。そろそろエマがエマになってきた。

そうこうしているうちに、一八八六年五月四日、ヘイマーケット事件がおこった。これ、五月一日にシカゴで八時間労働制をもとめるどでかいデモがあってね。三日には、シカゴでストライキがあったんだけど、これをぶっつぶしにきた警官がハッスルしちまってね。労働者を射殺したんだ。これでブチキレたアナキストたち。翌日、ヘイマーケット広場で抗議集会をひらいた。これにまた襲撃をしかけてくるポリ公たち。なんだ、オラァーッて、もう大暴動だ。で、その混乱のさなか、だれかが爆弾をほうりなげる。ドッカーーーンッ!!! 警官七名、労働者四名が死亡。ガーーーン!!! これで、アナキスト九名逮捕。マジでなんにもしてない人たちがつかまっちまった。うち、七名に絞首刑の判決。そのあと、二名が減刑になって無期懲役になるんだけど、ほかはダメだった。五名のうち、ひとりは自殺しちまって、のこりの四名は一一月一一日に処刑された。これが世にいうヘイマーケット事件だ。あっ、いちおういっておくと、これがきっかけになって、毎年五月一日に、労働者の祭典、メーデーがよびかけられるようになった。チッキショー！

さて、ちょうど、くたばれ資本主義っておもいはじめていたエマである。このはなしをロチェスターできいて、もう涙をボロッボロながしてないちまった。くやしいね、かなしいね。そんなことをヘレン姉ちゃんとはなしていると、ふと家にきていたお客さんから、こんな声がきこえてくるんだよね。「あんなゴロツキども、処刑されてとうぜんなのよ」。ううっ、うううっ。パンパーーーンッ!!! ブチキレちまったエマさん。とっさにその女にとびかかって、おもいきり首をしめはじめた。死ね！死ね！死ね！ やめろ、やめろとヘレンにひきはがされる。まわりからはイカレてる、くるいやがったといわれたんで、エマはキチガイで上等だァといわんばかりに、ちかくにあった水差しをつかみ、おもいきりその女の顔面に投げつけてやった。デーンッ！ そして、さけぶんだ。「このアマ！ とっとと、ここからでていきやがれ！ ぶっ殺すぞ、ぶっ殺すぞォーーーッ！」。圧勝だ。

まあまあ、そうはいってもだ。一八八七年、エマはダンスパーティーであったジャコブ・カーシュナーって青年と結婚をする。まだこの時点では、ふつうにしあわせな家庭をきずいて生きていこうっておもっていたのかもしれない。だけど、なかなかそうはいかないんだ。このジャコブさん、ギャンブル好きでね。まったくはたらかない。毎日、毎日、カードゲームでカネをつかいはたしてかえってくるんだ。生活はひとりでいたときよりも、もっともっと苦しくなる。キビしい。そんじゃ、三六計、逃げるにしかずだ。家庭をケトバセ。エマは家をとびだし、ひとりニューハンプシャー州におもむいた。工場ではたらく。こんとき、いろいろとアナキスト仲間ができたようだ。

でも、しばらくするとホームシックにかかっちまってね。いちどロチェスターにもどって、ジャコブとくらしはじめるんだけど、やっぱりもう愛しちゃいない。わかれようっていうが、ジャコブがみとめない。ふりきった。しかもこんときほんとにめんどくさかったのは、娘たちをおって、両親もアメリカに移住してきちゃってたんだよね。で、またあの親父がでてくるわけさ。離婚だなんて、おまえはこの家の名を汚すつもりか。だいたい、妻ってのは夫がたいへんなときにささえてなんぼだろう、みんなガマンしてやりくりしてんだから、わがままいってんじゃねえよってね。

これには、さすがのエマもキレちまって、テメエ、どの口がそんなことぬかしてんだ、えらそうにしやがって、父親ぶってんじゃねえぞ、わたしがこれまで生きてこられたのは、おまえのおかげじゃない、ぜんぶヘレン姉ちゃんのおかげなんだ、わたしはおまえの命令なんて、ぜったいにきかないぞってね。親父はいった。おまえにはもう、この家の敷居はまたがせない。上等だァ、エマは家をでた。ロチェスターのユダヤ人コミュニティからも村八分。どこにいっても、冷たい視線。チクショウ、チクショウ！

このとき、エマは心からおもったんじゃないかとおもう。男にしたがうのがあたりまえ？

愛もないのに子どもを産め？　それができなきゃ不道徳？　家の名を汚すだって？　ふざけんじゃねえぞ。結婚制度なんていらねえんだよ！　あんちくしょうけっとばし、トンズラしようか。やさしさだけが胸をたたけばいい。群れからはなれっぱなし、ずっとはなれっぱなし。とおまわりのクソったれの人生。ちなみにですが、そんなときでも、ヘレン姉ちゃんだけはやさしくしてくれてね。おカネを工面してくれたので、それをもって都会にでることをきめた。いくぜ、ニューヨーク！

エマ・ゴールドマン、モストをムチうつ

一八八九年八月一五日、エマはニューヨークにおもむいた。ここで、アナキスト仲間がいっぱいできる。生涯の同志、アレクサンダー・バークマンともであった。バークマンはおなじリトアニア出身のユダヤ人でね。すぐに意気投合して恋におちた。ふたりでおなじ部屋を借りる。でも、すげえなっておもうのは、ふたりと仲のよかったアナキストで、芸術家のフェジャってのがいてね。かれが住むとこがないんでっていうんで、じゃあ、三人でいっしょに住もうってことになったんだ。

で、いっしょにくらしていたら、フェジャってのがまたいい男でね。バークマンとちがって、文学や芸術にくわしいんで、夢中になってそんなはなしをしていたら、また恋におちていて、ふたりはつきあうことになった。だから、三人で共同生活をしながら、エマはふたりの男とつきあってんだよね。モテモテだ。一夫一婦制はクソくらえ、愛に束縛はいらないんだよ。よっ、自由恋愛！

そして当時、アメリカでいちばん有名なアナキストだったのが、ヨハン・モストってひとでね。かれはドイツから移住してきた理論家なんだけど、このひとがニューヨークで、ヘイマーケット事件の追悼集会によばれて、演説をすることになったんだ。エマもききにいく。そしたら、これがまた火をはくようなすさまじいもんで、ガンガン、政府や警察を罵倒していくんだ。カッコイイ。これでもう、エマはいちころだ。

このモストさん、「爆弾の哲学」って文章をかいたりしていてね。アメリカでも「行動によるプロパガンダ」をやろうぜってうったえかけていた。みよ、いまアメリカじゃ、虐げられた民衆たちが怒りでこころをふるわせているぞ。あとはもう、どう火をつけるかだ。たったひとりでもいい、たったひとりでもいいから、権力者に爆弾をなげつけて、パンパーーンッてふっとばすやつがでてくれれば、オレもできる、オレも、オレも、オーレイっていって、かならず続々と民衆がたちあがってくるぞ。燃やせ、燃やせ、燃やせ。あおれ、あおれ、あおれ。ようは、その最初の一撃なんだ、そこに死を賭してやるやつがでてくるかどうかなんだってね。

これにエマもバークマンもシビれちまう。ヨーシッ、やったるでぇ！　エマはモストを師とあおぎ、かれが全国を遊説してまわるたびについていくようになった。エマもしゃべらせてもらって、いろいろとアドバイスをもらう。でね、まあよくあることなのかもしんないけど、いっしょにいたら、モストが好きですって、いいよってくるんだよね。エマもまんざらじゃなかったもんで、じゃあじゃあってことで、セックスをするんだけど、なんかものたりない。なんでだろう？　そうおもっていると、自分だけじゃない、モストはちかづいてくるわかい女子たちにちょくちょく手をだしてるんだ。あれ？　ある日、エマが「あなたはあの子とやりたいっていっているけど、そこに愛はあるんですか？」ってきいてみると、モストはこうこたえた。「愛？　愛だって？　ヒャッハハ！　きみ、なにをいっているんだ。セックスだよ、セックスがしたい、ただそれだけだ」ってね。なるほど。まあ、それはそれでいいんだけど。エマはなんだかさめちまった。

それからしばらくして、モストが刑務所にいれられちまってね。そんでさ、もどってきたら穏健派になっていたんだ。ありゃりゃ？　てなわけで、エマとバークマンはそんなモストと袂をわかち、『自律《オートノミー》』って雑誌をだしていたアナキストグループとつきあうようになった。でね、モストがいっていたことをガチでやってやろうとするわけさ。ときは一八九二年六月、舞台は、カーネギー鉄鋼会社、ペンシルバニア州ホームステッド工場。このとき、労働組合がこれじゃみんな食えねえんだよっていって、賃上げ交渉をしたんだけど、まったくとおらない。じゃあ、ストライキだっていって、工場にたてこもるんだけど、六月六日、社長のフリックってのがまたとんでもねえやつで、すげえ指示をだすんだ。かれはまず、ピンカートン探偵社ってのに声をかける。あっ、探偵社っていっても、探偵さんじゃないんだよ。民兵組織、チンピラ武装集団のことなんだ。ほら、日本のストライキでも資本家たちはチンピラを雇いいれて、組合鎮圧にのりだしていたんだけど、これがアメリカだと武装してんだよね。こわすぎだ。でね、社長のフリックはこのチンピラ武装集団を警備員として雇いいれて、労働組合の駆除にのりだすわけさ。チンピラたちはなんの警告もなく、とつぜん発砲してくる。組合側も武器をとって応戦だ。そりゃ、はげしい銃撃戦になってね。一二時間の激闘の結果、労働者側に九名の死者がでた。なかには、まだおさない少年もいたんだという。この事件を聞いて、エマとバークマンはブチきれた。やるならいましかねえ、いつだっていましかねえ。いきりたったバークマンは、オレが爆弾であのフリックのクソ野郎をふっとばしてやるぜ、そんでもって、オレもその場で死んでやるんだっていった。だったら、エマは後詰だ。その死の意味をみんなにつたえて、かならず決起につぐ決起をうみだしてやる。ようし、これでいこう。行動によるプロパガンダだ、往《い》くぜ！

七月二三日昼すぎ、バークマンはフリックの事務所を訪問した。あやしまれないように背広でビシッときめて、ふところにはピストルだ。ほんとうは爆弾をもってきたかったんだけど、なんどつくってもうまくいかなかったんで、あきらめた。で、うけつけに名刺をわたすと、どうぞっていってとおしてくれたので、スタスタってあるいていって、フリックの部屋にはいっていった。そしたら、ふつうにご本人がいるんだよね。バークマンはフリックにむけてピストルをバンバンうちこんだ。三発ほどあたって、フリックがぶったおれた。死んだか？ 確認しようとしていたら、銃声をきいた従業員たちがとびこんできてね。いきなりハンマーでぶったたかれて、バークマンは床につっぷしてしまった。

すると、ウッ、ウウッ！てフリックが息をしているんだよね。クソッ、根性、根性、ど根性！ バークマンは、なんとかフリックのところまではっていき、最後の力をふりしぼって、もっていた短刀をつきさした。ギャアッ!!! フリックの股にささる。でも、致命傷にはいたらない。そのうちに大勢にとりかこまれて、もうふくろだたきだ。ボッコボコにされて、バークマンは意識をうしなった。そのまま逮捕。裁判にかけられ、禁固二二年だ。がんばった！

さて、その一報をきいたエマ。バークマンのおもいを世につたえなければ。とうぜん、マスコミはああ、テロリスト、ああ、犯罪者、キケンだと、ネガティブなことをかきたてる。さっそく、エマはアナキストの仲間たちと集会をうった。司会をつとめて、みんなにいうべきことをいってもらう。でも翌日の新聞をみると、ヒステリー女が怒り狂って、意味不明な集会をうったぞ、あのキケンな女をいつまで野放しにしておくつもりだ、はやくパクっちまえよって、ヒデエことばかりがかかれていた。チキショウ！

すると、新聞にあのモストがバークマンの件で講演をしたってでている。おおっ、師匠！でも、記事をみてみると、オレの手下がそんなバカなことをするはずがない、あれはフリックが世間の同情を買うために、自作自演をやっただけなんだっていったとかかれている。ええっ⁉ほかの記事をみても、モストがバークマンをディスることばっかしいっているんだ。あ、ほんとうにバークマンだったのか、でもフリックを殺せなかったんだろう、あいつ、カネがねえから、安物のピストルしか買えなかったんじゃねえか、おもちゃでカチコミをしかけたんじゃねえか、バカなやつだぜ、ヒャッハッハ！みたいなことがかかれているんだ。チッキシヨウ〜〜！

もうゆるせねえ。エマはモストの講演会の予定をしらべあげると、一聴衆として、その会場にしのびこんだ。でね、いざモストが登壇すると、スッとまえにとびだしていくんだよね。エマがウーラッー！っておたけびをあげると、モストが「このヒステリー女」ってぶつぶつぶやいている。なんだこのやろう、ヒステリー上等じゃねえか、成・敗！　エマはカバンからおもむろにムチをとりだし、ちええっ！ちええっ！っていいながら、それをおもいっきりモストにむけてふりぬいた。ビシッ、ビシッ!!!　ギャアアッ〜〜!!!　エマ・ゴールドマン、モストをムチうつ。ウッヒョオォ〜〜！

戦争をするというならば、子どもはうまない、ゼロ子ども宣言！

じゃあ、そのあとどうなったのかというと、エマさん、有名人になっちまうんだ。だって、家庭をけとばし、シレっと自由恋愛をやってのけて、パートナーがテロをやったかとおもったら、かれはなんにもわるいことしてないぞって全力で擁護して、ディスってきた元師匠をムチでうちぬいちまってんだからね。やばすぎるぜ。てなわけで、一八九三年、おりしもアメリカは恐慌でね、各地でストライキが勃発。エマはいろんなところからお声がかかって、講演会にくりだした。でも、フィラデルフィアの会場で演説をやろうとしていたところ、警官にとりかこまれ、おまえの講演が暴動を煽動したっていわれて、逮捕されちまう。ブラックウェル島の刑務所で一年だ。どんとこい、クソったれの人生!

一八九四年八月、出獄。エマはすぐにバークマンの減刑運動にうごいた。こんとき、支援してくれた男性とちょっとした恋仲になったんだけどね。むこうがオレの女になれ、結婚してくれっていってきたんで、結婚制度はクソくらえっていって、おことわりしてやった。アバヨ!それからしばらくして、ヨーロッパからもお声がかかるようになった。しかも、刑務所にいたとき、病人の看護にあたっていたら、こりゃおもしろいと医学に興味をもつようになってね。せめて、看護師と助産師の資格をとりたい。じゃあ、遊説がてら勉強もしてこようってことで、イギリス、スコットランドをまわって演説会をひらき、クロポトキンやマラテスタ、ルイズ・ミシエルといった、名だたるアナキストと親交をふかめ、そんでもって、そのままウィーンにわたって医学をまなんだんだ。どうも、わかいころのフロイトからも授業をうけていたらしい。いいね、勉強がしたい。

一九〇〇年一二月、エマはアメリカに帰国。また多忙の日々だ。各地を演説してまわる。でも、翌年、エマはおっきな事件にまきこまれてしまう。九月五日、アナキストのチョルゴッシュがマッキンリー大統領を狙撃して、ぶっ殺しちまったんだ。官憲はせっかくだから、これであのいまいましいクソ女も処刑台におくってやるぜっていって、チョルゴッシュにエマとの関係を問いただす。おまえ、あの女に命じられてやったんだろうってね。もちろん、チョルゴッシュはちがうっていうんだけど、ポロッといっちゃうんだよね。オレさ、エマさんの講演会にいったことがあるんだよ。あのひとぶっとんでるんスよ、むっちゃアナーキーなんスよ、サイコーなんスよってね。

これでエマも逮捕。そりゃ、事件とはなんの関係もないんで、すぐにでてくるんだけど、これをマスコミがあることないことかきたてるわけさ。ほんとはあの女が事件の黒幕なんだ、この殺人鬼め、悪魔めってね。しかも、ほかの知識人が沈黙するなか、エマは自分がどうなるかなんてかまわずに、チョルゴッシュ擁護の文章をかいたもんだから、さらに悪評がたっちまう。そんで、ついた異名が「レッドエマ」。エマ・ゴールドマンは血にまみれているってことだ。へへッ、いい名前だね。まあまあ、そんなわけで、エマは名実ともにアメリカ一キケンな女になった。おめでとう！

そうこうしているうちに、一九〇六年、バークマンが出獄した。おかえり。エマはバークマンといっしょにやろうとおもって、雑誌『大地《マザーアース》』を創刊。ここで「婦人解放の悲劇」なんかを発表している。日本では伊藤野枝《いとうのえ》が翻訳して、よくよまれた文章だ。元祖、ウーマンリブ！出獄後、バークマンはしばらく精神的におちていたのだが、しばらくして復活。なかまをあつめて、雑誌の運営をにないはじめた。じゃあじゃあってことで、エマはまた各地を講演してまわる。でも、官憲の目もキビしくなってきてね。一九〇八年のこと、ある講演会でエマが愛国主義批判をやったら、それをきいていた軍人さんが感動しちまって、エマと握手をするんだ。もちろん、私服姿だったんだけど、でもこれがバレて、その軍人さんは軍法会議にかけられてしまう。禁固五年だ、マジかよ……。

でね、こっからはもう怒濤のような弾圧だ。めったくそにやられまくる。まず一九一五年、エマはマーガレット・サンガーの産児制限運動を支援しはじめる。子どもをうむのかうまないのか、いつどこでどうやってうむのか、それをきめるのは女だ、女しかいない。でも、いまじゃ、その力が国家や男どもにうばわれている、とりもどすぞってね。しかし、それで講演してまわっていたら、一九一六年二月一一日、エマは逮捕されちまう。この運動は、女が避妊や堕胎、そして性についてガンガンしゃべりはじめるってことだし、なにより、女は黙って子どもでも産んでろっていう社会道徳にまっこうからぶつかっていたからね。やられちまったぜ、チキショウ！

さらにさらにだ。その年の六月二二日、サンフランシスコの軍事パレードに爆弾がなげこまれて、死者八名、負傷者四〇名がでたっていう事件があった。これで『大地』が大弾圧。その直前にのった文章のなかに、軍隊、警察、刑務所、これらに対抗できる唯一の武器はダイナマイトだ、ダイナマイトしかねえ、われわれはダイナマイトである、ダイナマイト、ドーーーンッ!!!ってのがあってね。その著者二人がパクられて、処刑されそうになったんだ。エマはすぐに国際的な減刑キャンペーンをはじめ、そのおかげもあって、ふたりとも懲役二二年になった。あぶねえ！

一九一七年になると、アメリカが第一次大戦に参戦。エマは反戦運動にのりだしていく。まずは産児制限運動をいかす。戦時中、国家ってのはいつも以上に「産めよ、殖やせよ」っていってくるが、これってあたらしい兵士を生産しましょうってだけだからね。そんなもんのために子どもはうまねえぞってことだ。女たちよ、団結せよ。戦争をするというならば、子どもはうまない、ゼロ子ども宣言！　とまあ、そういうことをいっているかとおもっていたら、また反徴兵連盟ってのもたちあげていってね。兵役拒否を断固支持しますってうったえかけていったんだ。これ、すごくてね。署名運動をやったら、一瞬で一〇万人もあつまった。みんな戦争がキライ！

もちろん、そんなうごきを国家は見逃さない。一九一七年六月一五日、エマとバークマンはタイホ。罪状は、兵役拒否をそそのかしたってことだ。これで二年やられちまう。『大地』は発行停止。しかも、こんときはもうただつかまっただけじゃない。戦時中にこんな非国民どもはおいておけんぞっていって、市民権を剝奪されちまうんだ。一九一九年一二月、エマとバークマンは国外退去処分に。このとき、ぜんぶで五一名のアナキストがやられちまった。すごいね。自由の国、アメリカさんよォ〜！

その後、エマとバークマンは革命後のロシアにもどり、ようすをみにいったら、国内は粛清のあらし。アナキストが血祭りにあげられていて、あんまりひでえことになっていたんで、こんどはロシア革命批判のキャンペーンをはって、世界をまたに大活躍していくのだが、まあまあ、こっからさき、またながくなっちまうので、いったん終えておきましょうか。ちなみに、エマさん、こんだけいろいろやらかしているけど、ぶっ殺されてはいない。よかったね。一九四〇年五月一四日、カナダのトロントにて、七〇歳で亡くなっております。死後、遺体はアメリカにはこばれて、シカゴで埋葬されている。レッドエマ。血まみれのバアチャン、ケツの穴ファック。アーメン！

ダンスもできない革命ならば、そんな革命はいらない

とまあ、エマ・ゴールドマンの半生はこんなもんだ。どうっスかね。もしかしたら、こんだけ革命、革命っていって、はげしくうごいていたから、めっちゃストイックなひとだったんじゃないかっておもうひともいるかもしれないが、でも、エマはちがうんだよね。こういうの、けっこうだいじだとおもうので、ひとつだけエピソードを紹介しておこう。これはまだエマとバークマンがわかかりしころのことだ。ニューヨークの友だちが工場でストライキをおこしてね。ふたりはほかのアナキストたちといっしょに、そのストライキの支援におもむいた。なんどもいっているけど、当時のストライキってのは、なぐりあいはなんのその、場合によっちゃ、銃撃戦にもなりかねないってもんだった。そりゃ、とうぜん緊張感バリッバリだ。

だけどね、エマはそういういきぐるしいのが苦手なんだ。いつ敵がおそってくるかもしんねえから、つねに身がまえて戦闘状態。軍隊かよってね。ああ、もうたえらんねえ。じゃあ、エマがなにをしたのかっていうと、工場でダンスパーティーをひらいちゃうんだ。おどれ、おど

れ、おどれ。ダンス、ダンス、ダンス、ダンス。ダン、ダン、ダン、ダン、ディ、ダン、ダン、ディダン、ディダン、ダディ、ダンダン。ダンス決行だ。エマたちは、フオオオ、フォォォォォ〜〜〜ッ!!!ってさけびながら、もう半狂乱になって踊り狂った。つかれしらずだ、いくらでもいける。たまんないね。上機嫌のエマさん。でも、そこにアナキストの少年が食ってかかるんだ。あんたさ、そんなことやっていたらアナキストの威厳を損なうだろうが、オレたちは革命の大義のために命がけでたたかっているんだぞ、遊んでんじゃねえんだぞ、自己否定せよ、自己否定だァってね。なんだ、このクソガキがァ!　ブチきれたエマは、みんなのまえでこうきりかえしたんだという。

そんなことはあなたの知ったことではない。私は絶えず大義のことを言われ続けて、もう飽き飽きしている。美しい理想やアナキズム、そして因襲や偏見からの解放と自由を表わすはずの大義が、生と喜びの否定を要求するとは思っていない。私たちの大義は修道女になることを期待していないし、その運動が修道院に入るようなものであるべきではないと私は主張した。もし大義がそういうことを意味するのであれば、私はそんなものを望みはしない。「私は自由と自己表現の権利、美しいものや楽しいものに対する全員の権利を望んでいる」。アナキズムは私にとってそういう意味であり、全世界を敵に回しても――それが刑務所や迫害やその他の何であっても――私はそういうアナキズムを実践するだろう。そうだ、たとえ最も身近な同志の非難を受けたとしても、私は自分の美しい理想を生きるのだ。

（エマ・ゴールドマン、小田光雄・小田透訳『エマ・ゴールドマン自伝』上、ぱる出版）

うおおお、エマさ〜〜ん！　かっこよすぎだ。このとき、まわりからは激烈な拍手がとんだという。でも、こんどはバークマンが食ってかかる。おまえ、なにいってんだァ、大義がだいじにきまってんだろう。革命の大義のためだったら、テメエのことなんて考えていちゃダメなんだ、好きだの、キライだのいっていちゃダメなんだ、なんだって犠牲にしなきゃダメなんだよってね。これにまたエマが猛反発ってかんじだったんだけど、どうっスかね。おいら、エマの圧勝だとおもうよ。

だって、革命の大義のためには、あれやっちゃダメ、これやっちゃダメ、絶対服従じゃあっていっていたら、それもうあたらしい支配がたちあがっちまっているからね。だいたい、工場の仕事がキツくてイヤだっていってんのに、なんでまた革命のためのお仕事をしなくちゃなんないんだよ。労働なんて、まっぴらごめん。遊びたい、遊びたい。だれかに評価されるためだとか、なにかの役にたつためだとか、そういうんじゃなくて、ただ生きるよろこびをあじわいたい。人生最高の瞬間をあじわいたいんだ。

我をわすれておどり狂って、わたしはこんなケモノみたいにもなれたのかって、そういう力のたかまりをかんじたい、あたらしい自分に変わったってことを、変われるってことを自分の身体でかんじとりたい。遊びは労働をぶちぬく。革命のための労働すらぶちぬいちまうんだ。てゆうか、そういう力を万人がいっせいに爆発させていくのが、革命ってもんでしょうがァってね。おどれ、おどれ、おどれ。ダンス、ダンス、ダンス。ダン、ダン、ダン、ダン、ディ、ダン、ダン、ディダン、ディダン、ダディ、ダンダン。ダンスもできない革命ならば、そんな革命はいらない。全世界を敵にまわしても、わたしはぜったいに踊る。それがエマ・ゴールドマンの革命観だ。

不逞じゃねえよ、太えだよ

さてはて、なんでこんなことをいったのかというと、これがエマの女性解放の考えかたとつながっているとおもったからだ。そんじゃ、いってみましょう。エマは自分の経験からも、なんとしても結婚制度はぶっこわさなきゃなんねえっておもっていた。じゃあ、どういうことをいっていたのかというと、こうだ。結婚制度とは奴隷制度のことである。せっかくなんで、かるく引用してみよう。

いわゆる婦人の保護――そこに結婚の呪咀が横たわるのだ。結婚は真に彼女を保護しないばかりでなく、保護という思想そのものが既に嫌忌すべきである。かくの如きは実に人生を蹂躙《じゅうりん》侮辱し、人間の威厳を貶《おと》すものである。この寄生的制度は永久に没却すべきである。

それは資本制度と称する根本組織と相似《あいに》たものである。かくの如きは人間天賦の権を剝奪し、その生長を防止し、肉体を毒し、人間を無智、貧窮、従属的ならしめ、而して後人間自尊の最後の痕跡に栄ゆる慈善を形成する。

結婚制度は婦人を寄生者とし、絶対の従属者とする。結婚は生の闘争に対して婦人を無能にし、彼女の社会的意識を根絶し、彼女の想像力を麻痺し、而して後その恩恵的保護を科する、それは真に人間品性に対する係蹄《けいてい》であり、モジリ詩文である。

（エンマ・ゴルドマン、伊藤野枝訳「結婚と恋愛」『伊藤野枝全集』第四巻、學藝書林）

もともと資本主義にしたって、はじめからみんながみんな、カネをかせがなきゃ生きていけない、仕事をもらえなきゃ生きていけないっておもわされていたわけじゃないわけさ。都市で生活していたって、いざとなったら物乞いでもしようかとか、放浪の旅にでもでて、山でも川でもいってなんとか食っていこうかとか、いろいろできたんだよね。でも、一九世紀にもなってくると、国家がそれをゆるさなくなる。街でキタナイかっこうをしてプラプラしているやつをみつけたら、警察がそれをタイホするんだ。

で、監獄にブチこまれて強制的にはたらかせたりするわけだけど、日常的にそういう光景をみせつけられていると、だんだん街の人たちが、ああ、はたらかないってのは犯罪なんだ、ろくでなしなんだ、クズなんだ、そりゃなにをされても文句はいえないよなっておもってくるわけさ。そしたら、なんか物乞いにカネやパンをくれてやるのが、社会的によくないことにもおもえてくる。それは犯罪を助長することになるんだ、よくないぞって。街で飢え死にするやつがではじめても、みてみぬふりだ。あいつはクズだから、しかたがねえんだよってね。

気づけば、はたらかないと死ぬっておもうようになっていて、工場ではたらいていると、資本家さまがおカネをくださっているから、オレたちは生きていられるんだっておもえてくる。

ああ、ご主人さま。ああ、ありがとうございます。ああ、なんでもいうことをききましょう。ご主人さまの命令には絶対服従。こりゃもう、主人と奴隷である。ほんとは資本家がカネもうけをするためにはたらいてやっているだけなのに、なんかね、ご主人さまに保護していただいているから、まもってもらっているから生きていられるんだ、そのご恩をかえさなければいけないんだっておもえちまうんだ。

ちょっと、まえおきがながくなっちまったけど、エマは結婚制度もこれとおんなじなんだっていっている。たとえば、これはさいきん邦訳された本で、シルヴィア・フェデリーチ『キャリバンと魔女――資本主義に抗する女性の身体』（以文社）ってのにかかれてんだけど、中世ヨーロッパをみると、どうも男にも村にも依存せずに、自分で食っていけちゃっている女性ってのがけっこういたんだそうだ。森とかにすんでいて、薬草とかハーブとか、そういうのにめっちゃくわしい。で、村人が病気でこまったりしていたら、薬を煎じてやったり、なんか相談事があったらきいてやってアドバイスをあげるとか、そういうことをやって尊敬もされていたそうなんだ。でも、そこに資本主義がはいってくると状況が一変する。そういうマジで自律した女性ってのがわずらわしくなってくるんだ。

なんでかっていうと、女は家庭にはいって家事、育児をこなすのが労働なんだ、そうしなくちゃ生きていけないんだっていいたいのに、そんなことしなくても、自由に生きられちゃっている女性がいるわけだからね。キャー、カッコイイとかいって、村の女たちが続々と森にくりだしていったら、家事労働がなりたたなくなってしまう。で、マズイぞってことで、国家が率先してやりはじめたのが、魔女狩りなんだよね。世の常識にさからって生きている女性をみつけると、こいつは「魔女」だっていって、血祭りにあげていく。火あぶりとか、すんげえ残忍なやりかたでね。そうすると、みんな恐怖をおぼえて、そんな生きかたしちゃいけないんだっておもうわけだし、ずうっとそれが正義なんだっていわれていると、自律した女性の生きかたってのが、とてもキケンなことにおもえてくる、犯罪なんだっておもえてくる。

でね、気づけば、女というのは家庭にはいらなければ生きていけないんだよ、それ以外の生きかたをえらぼうとするのは、反道徳的なことなんだよっておもわされているんだ。そしたら、どうなるかっていうと、あたしが生きていけるのはダンナさまがおカネをかせいできてくれるからです、ダンナさまがまもってくれているから、保護してくださっているから、生きていられるんです。このご恩は生涯わすれません。ご主人さまのいうことには絶対服従。家事も、性的奉仕も、出産も、育児も、親の介護も、暴力をふるわれたって、なんでもいうことをききましょう。それがあたりまえのことなんだ、自然なことなんだってね。でさ、そういうのが妻の役割だっていわれるんだけど、ほんとは奴隷の生を強要されているだけなんだよね。でも、それに慣れてしまうと、妻としての役割をこなせることが、よき妻であることが、まわりに評価される、ホメられる、女のほまれだっておもわされてしまう。他人に「あんた、いい奥さんだね」っていわれたら、なんだかうれしくなってしまうみたいにね。アベコベだ。

じゃあ、どうしたらいいか。エマは「生の闘争」をしかけるしかないっていっている。いま、ひとがひとを愛するってのは、結婚をするのとおなじことだっていわれている。男女のカップルが永遠の愛をちかいあうみたいなね。それ以外のことをすると、不道徳っていわれるんだけど、でも、ひとの生きる力ってのかな、ひとがひとを好きになる力ってのはそんなもんじゃないでしょうと。

自由恋愛？　まるで恋愛が自由以外のもののようだ！　人間はたくさんの智慧《ちえ》を買った、けれど全世界の数百万人は恋愛を買うことに失敗した。人間は肉体を征服した、けれど地上のあらゆる権力も遂に恋愛を征服することが不可能であった。人間はすべての国民に打勝った、けれどその軍隊は恋愛を征服することができなかった。人間は精神を拘束した、けれど彼は恋愛の前には全く無力であった。〔中略〕そうだ、恋愛は自由である。恋愛は自由以外のいかなる雰囲気中にも住むことができない。自由においてのみ恋愛はそれ自身を充分完全に与えることができる。宇宙におけるいかなる律法もいかなる法廷も一度根ざした恋愛を土から引き放すことはできない。

（エンマ・ゴルドマン、伊藤野枝訳「結婚と恋愛」『伊藤野枝全集』第四巻、學藝書林）

アツいね。これ、恋愛は手におえねえっていってんだ。カネで買うことなんてできないし、軍隊でいうことをきかせることだってできないし、法でどうこういうことだってできない。はじめからただしい恋愛なんてない、はじめからやっちゃいけない恋愛なんてない、ぜんぶ自由だ。てゆうかさ、自分にだって手におえないんだ。ひとりでもふたりでも三人でも、好きになるものはなっちまうんだし、それこそ、わたしはこのひとだけを愛するんだっておもっていても、好きになっちまうときはなっちまう。それにね、エマはなんどか講演会で、同性愛者を支持しますっていっていたらしいんだけど、ひとがひとを好きになるのに、男女のペアである必要なんてないんだよね。世間さまがどういおうと、好きになっちまうもんはなっちまうんだ。勝手にしやがれ、ヘイシスター！

もちろん、この世のなかじゃ、そうさせない権力がめっちゃはたらいている。エマはこういうんだ。もしもこの恋愛の力を束縛するものがあるならば、いつでも憎悪をぶちまけて、その被いをカチわってやるぜ、そうして好きなやつと好きなように生きてやるんだってね。じゃあ、具体的にどうすんのかっていうと、そんなにむずかしいことじゃないんだよね。当時、女性解放を論じるインテリたちは、まずは婦人参政権を獲得して、それから法律をかえて、女性の自由を実現しましょうっていっていたんだけど、そんなことをいっていたらひとはいつ死ぬかなんてわかんない、なにもできずに死んじまうぞと。だからそうじゃなくて、いまやれる、やりたいっておもったことを、いまこの場ではじめちまえばいいんだよっていうんだ。

もし結婚しちまって、クソみたいな男に虐げられていたらどうすればいいのか？　こたえはかんたん。DV夫にファックユー！　逃げろ。ずっと家庭にいると、外にでたら生きていけないようにおもわされているけど、意外とでてみたらなんとでもなる。ヤッチマイナ！　あるいは、好きなカレがいるんだけどほかのひとも好きになってしまった。どうしたらいいか？　これもかんたん。ヤッチマイナ！　法律も道徳もクソくらえ。シレっと自由恋愛をやっちまえってね。それからね、ほんとは貧乏ヒマなし、子どもをつくるのはキビしいんだけど、まわりからは子どもをうむのが女の役目だみたいなことをいわれていて、お国も「産めよ、殖やせよ」っていっている。ずっとそういわれていると、しかたがないかっておもえてくるんだけど、どうしたらいいか？　これもこたえはかんたんだ。うむな！　産児制限運動だ。もちろん、この産児制限運動ってヤバイところもあってね。提唱者のサンガーさんは、障害だとか、親の愛だとかもふくめて、うまれていい子どもとそうじゃない子どもがいるみたいなことをいっているんだけど、それだと優生学になっちまう。

でも、エマがいっているのはそういうことじゃないんだ。子どもをうめっていうやつは、たいがい家の主である男の財産がふえてよかったとか、そのていどのことしか考えちゃいないし、お国にしても、戦争にいってくれる将来の兵士がふえました、工場でコキつかわれてくれる労働力がふえましたくらいしか考えちゃいないんだ。そんなもののためにムリやり子どもをうまされる必要はないぞ。女も子どもも戦争のための道具じゃない。カネもうけのための道具じゃない。うむもうまぬもテメエの勝手だ。その力が女にあるってことをみせつけてやれ。女たちよ、団結せよ。あたしらにはこの社会をぶっつぶすだけの力があるってことを、いまこの場でみせつけてやれ。

エマがいっていたのは、こんなところだ。この社会では、女はよわい、だから男に保護してもらっているんだ、だからしたがうのはあたりまえなんだ、だからしたがわないやつはクズなんだ、不逞の輩なんだ、非国民なんだっていわれている。だったら、こっちもいってやらなきゃいけないだろう。非国民上等、クズで好《よ》し。みずからの不逞にひらきなおって、もっと図太くいきてやれ。自分の弱さを武器にかえて、シレっと敵をうちのめせ。いまこの場から、いままでとはまったくべつの生をはじめるんだ。不逞じゃねえよ、太えだよ。

ひとつになっても、ひとつになれないよ

だけどね、さいごにひとつだけ補足しておきたいのが、日本でエマを翻訳し、紹介していた伊藤野枝なんだ。この野枝さん、エマをガンガン紹介しながら、結婚制度なんていらねえんだよっていってていくんだけど、ただひとつだけ、注意しなきゃいけないことがあるっていってい てね、こういうんだ。恋愛には気をつけろ。なんでかっていうと、ひとってのは恋に夢中になると、どうしてもふたりでひとつになれるっておもいがちだからね。燃えあがるような恋をして、うりゃあって、セックスをしていると、なんだかふたりでとろけあって、ひとつになっているって錯覚しちまうときがある。でも、これはキケンなんだっていっているんだ。

だってさ、ふたりでひとつになる、ひとつの集団になるっていうと、けっきょく「家庭」って発想がでてきてしまうからね。そうすると、気づけば男女の役割みたいのがでてきて、損を

するのは女ばかり。やってらんねえよと。だから野枝さんは、ほんとうのところ恋をしたり、セックスしているとき、自分がなにをかんじているのかをちゃんとおもいだしてほしいっていってんだよね。男女でも、男同士でも、女同士でもいいが、セックスをして体をあわせているとき、ひとがかんじていることって、いくらひとつになろうとしてもなれないってことじゃないですかと。

いくら体をかさねても、相手がなにをかんじているのか、なにをたのしい、きもちいいっておもっているのかなんてわからない。それがわかっちまって、ビビッてしまうってのが本音じゃないッスかと。でも、だからこそなんだよね。相手のことをもっとしりたい、わかりたい、でもわからない、わかりたい、でもわからない、アアッ、アァァァ〜〜ッ!!!って、とりみだしちまって、わけのわかんないことをはじめるんだ。これが相手にとってきもちいいことなのかどうかなんてわかんない、相手の役にたつかなんてわかんない、ただのおせっかいかもしれない。でも、わかんないけど、やってやるぜ。どうせわかんないなら、いまこれがサイコーだっておもうもんをぶつけてみよう。体力の限界をこえて、死ぬ、死ぬっていいながら死力をつくして体をうごかす。

でさ、そういうことをやっていると、自分も相手も予想もしていなかったようなよろこびがあるってことに気づかされたり、そんなことがやれてしまうテメエがいるってことに気づかされたりするわけさ。あたらしい自分の力をかんじてしまう。あるいは、相手もよくわかんないことをしかけてきて、なんスかそれ、すげえっスねっておもったら、おたがい、得体のしれないなにかに化けちまっていたりね。ウッキャッキャッキャッキャキャキャ〜〜〜ッ!!! おいら、ケモノでありますってね。たぶん、そういうことをやってやろうってのが、ひとのやさしさってもんなんだとおもう。

野枝さんは、このやさしさのことをたんに恋愛っていうだけだとわかんなくなっちまうから、フレンドシップといっている。友情だ。いやね、考えてみるとそうなんだよね。恋愛だけじゃない、友だちがなにをもとめているかなんて、わかんないからね。逆にこれができるから、こいつはつかえるんだ、つかえなくなったら切るぞとかっていっていたら、そんなの友だちじゃない。友だちは組織じゃない、そこに支配は存在しない。生産性にファックユー。むしろ、友だちはなにをしでかすかわかんないからおもしろいんだ。まあ、たいていはムダなおしゃべりをしておわっちまうんだけどね。でも気づいたら、いっしょにわるのりしていて、自分でも予想もしていなかったことをやらかしていたりする。友情はアナーキーだ。

ちなみに、野枝さんはこういうのを実生活からかんじとっていた。かの女は、本書でなんどかでてきた大杉栄のパートナーでね。関東大震災後、いっしょに虐殺されてしまうんだけど、ふたりのあいだには五人も子どもがいたんだ。でもさ、野枝さんがすげえなっておもうのは、大杉といっしょにくらしていた数年のあいだに、むっちゃ文章をかいているってことなんだよね。たぶん、自分でもそんなにかけるっておもっていなかったんじゃないかとおもう。だってさ、超カネもちだったらいざしらず、貧乏人がめっちゃ子どもをうんじまったら、ふつう子育てとゼニあつめに忙殺されて、なんにもできないだろう。でも、なんでできたのかっていうと、ふたりの家にはアナキストのゴロツキがいれかわりたちかわり出入りしていたからなんだ。

家にいると、だいたい、ゴロツキたちが子どもと遊びはじめるから、そしたら、うりゃあっていって猛烈に文章をかきはじめる。しかも、野枝さんの育児スキルは天才的でね。赤ちゃんがオシッコをしたら、アララっていって、オシメをギュッとしぼって、そのまま部屋に干す。ウンコをしたらしたで、外にバタバタってやって、そのままつかうんだ。だから、家にいた大杉やゴロツキたちは、ウッ、ウウッて臭くて死にそうになっちまう。けっきょく、みんなでオシメを洗って外に干すんだ。ありがとう。

しかもさ、大杉も野枝さんも定職になんてついていないもんでね。カネがぜんぜんなくて、子どもがめっちゃボロボロの服をきていたんだけど、そしたらみるにみかねたゴロツキがいてね。そいつは生粋のテロリストで、大業をなしとげたあと切腹でもしようとおもっていたんだけど、そのために死装束をもっていたんだよね。でも、あんまし子どもがかわいそうだったんで、その死装束をビリビリって切り裂いて、子供服をつくってもってきてくれた。ありがとう！

あるいは、野枝さん、子どもをたてつづけに産んで、乳がでなかったこともあるんだろう、そういうときはさすがゴロツキだよね。だれかがヤギをつれてきてくれる。たぶん、かっぱってきたんだろうけどね、ヒャッハハ！　それで、赤ちゃんでもヤギの乳は飲めるってんで、なんとかなったみたいだ。だからさ、おもしろいのは、はじめからこいつはこれをやるだなんてきめていたわけじゃないし、みんな世間からしたらただのゴロツキ、超つかえないやつらなんだけど、そのつかえないやつらがやってくるだけで、なんとかなっちまっているんだ。友だち、だいじ。

しかも、やっていることが死装束を切り裂くとか、ヤギをかっぱらってくるとかなんでね。すべて余計なおせっかいなのかもしれないが、でもそういうのがフッとかさなってみれば、野枝さんはむっちゃ時間がとれて、信じられないくらい文章がかけたり、ちゃんと子育てができていたり、ゴロツキたちにとっても、もともとあつまっていたのは、雑誌の原稿をかくためだったり、ストライキ支援にいってなぐりこみをしかけるためだったのかもしれないが、そういう目的をとびこえちまって、ああ、オレたちはここまで損得をこえて、ひとのためにうごけるのかって、その力を実感していくんだ。ザ・相互扶助！ようするに、パッとあつまって、もっている力をぶつけあうことで、自分でも予想外のことをやらかすようになってんだよね。

おっと、やべえ！ちょっとかきすぎて字数がなくなってきたので、そろそろまとめにいたしましょう。えーと、野枝さんは友情を機械にたとえていましてね。かの女はミシンがめっちゃ好きで、ある日、その中身がみたくて、ぜんぶ分解してみたらしいんだ。そしたらもう大興奮。ああ、機械ってのは中心がないんだ、ひとつひとつの部品が独立していて、それぞれが歯車をあわせてうごくようになっているんだって。もしかりにべつの部品をもってきて歯車をかみあわせたら、まったくべつのうごきをするようになるだろう、ミシンでもなんでもない、まったくべつの機械になるだろうってね。

たえずあたらしい部品とかみあうことで、まったくべつの機械にかわってく。なにがいいたかったのかというと、友情ってのはそういうもんだってことだ。セックスをするんでも、おどり狂うんでも、いっしょに生活をするんでも、その友だちとのであいによって、なんどでも、なんどでも予想外のなにかに化けていく。いままでの自分が砕け散る。自分にはできないっておもっていたことができるようになる。自己破壊だ、生の最高の瞬間だ。血液がわきたち、肉がおどりはじめる。なんどでも、なんどでもあたらしい自分に化けてゆきたい。友情とは機械である。けっして均衡のとれない力の合成である。野枝さんの格言だ。ミシンになりたい。

いま、ひとはどうやっても組織を前提としてものを考えてしまう。わたしたちはみんなでひとつなんだ、統一された集団なんだよってね。だけど、それだとはじめからなにをするのかってのがきまっていて、そのためにうごけるかどうかで、つかえる、つかえないってのがきめられてしまう。家庭もそうだ、工場もそうだ。ご主人さまのために、どれだけご奉仕できるのか。ああ、もううんざり。だとしたら、やれることはただひとつ。おせっかいだ、おせっかいしかねえ。アーメン、わたしはいう。汝、中心のない機械になれ、ミシンになれ、ムダに友情をはぐくんでやれ。ああ、セックスがしたい。ああ、朝から晩までおどり狂いたい。えっ、おまえは生産性がないって？　そんなのクズがやることだって？　不逞の輩だって？　オーマイガー！　不逞じゃねえよ、太えだよ。恨みを食らって生きる隠花植物たちよ、たちあがれ。みずからの弱さを武器に変えろ。黙って野たれ死ぬな。やられたらやりかえせ、やられなくてもやりかえせ。できっこないをやらなくちゃ。とりみだした生をいきてゆきたい。われわれは圧倒的にまちがえる。ひとつになっても、ひとつになれないよ。

第5章
あらゆる相互扶助は犯罪である
——アナルコ・コミュニズムの巻

東京のバカヤロー！

ウォーウォーウォーウォーウォーウォウォ、ウォウォウォウォウォッウォー、ウォーウォーウォーウォーウォウォーウォウォー、ウォウォウォウォッウォー、ウォウォウォウォ〜〜〜、ウォーウォーウォーウォー、ウォウォウォウォッウォー、ウォウォウォウォウォッウォ〜〜〜、ウォーウォーウォーウォー♪　はい、それじゃはじめましょう。ひと月まえのことだ。ある友人に家飲みにさそわれてワイワイやったあと、本書でもなんどか訳文をつかわせてもらった五井健太郎さんと、歴史学者のマニュエル・ヤンさんの三人で駅までかえることになった。

午後一一時、大塚駅まで一五分の道のりをトボトボとあるく。でさ、この三人、じつは熱狂的な長渕剛ファンなんだよね。よく朝までカラオケにいく。でもね、この日は五井さんがフランスから帰国直後で、あきらかに疲弊していて、おいらもこの原稿をかきはじめたばかり。マニュエルさんも大学の仕事がはじまったばかりで、地獄の労働。みんな死にそうになっていた。うたいたい、でもうたえない、でも……。全員、おなじことをおもってたんだろう。一五分間、緊張感をもって無言であるく。

しかしだ。いざ駅についていて電車をまっていたとき、ついにマニュエルさんが口火をきってしまう。「カ、カラオケ……」。とたんに、三人の緊張感がパンパーーンッとはじけてしまった。五井さんがアァァ〜〜ッ!!!ってさけびながら、あたまをかかえてもがきはじめる。そしたらおいらもおかしくなっちまったのか、とつぜん身体にメロディがながれはじめた。ウォーウォーウォーウォーウォウォ、ウォウォウォウォッウォー♪ 名曲、「とんぼ」だ。気づいたら、おいらうたいはじめていてね。ふたりもつられてうたいだす。もう、がまんができない。けっきょく、朝までカラオケになった。マニュエルさんがテーブルのうえにとびのって、マジでぶっこわれるんじゃねえかってくらい、自分の身体をバシバシとぶったたきながら、雄叫びをあげる。おいらも負けずに、血ヘドでもはくんじゃねえかってくらい、声をからしてさけんでわめく。五井さんはとちゅうで失神していたが、一時間くらいしたらよみがえって、ゾンビみたいになってうたっていた。いま死ぬぞ、いま死ぬぞ、いま死ぬぞ。こわせ、こわれろ、こわされろ。自分をこえろ、人間をこえろ、限界のさらにそのさきまでぶっとんでいけ。火のついた猿、火のついた猿。ウッキャッキャッキャッキャッキャ〜〜〜ッ♪ ツヨシ! 手におえねえ。

いやね、なにがいいたかったのかというと、さっきの章でエマさんがいっていたダンスなんだよね。ひとが明日なんか捨てちまうってのかな。仕事も、自分の命も、革命の大義も、そんなもんはどうでもいい。ぜんぶかなぐり捨てちまって、いまこの場で遊びたい、おどりたい、うたいたい。そうさせてやまない力がある。だいじなのは、その力にふれることだ。だれにもなんにもしばられない力を手にするってことだ。しかも、おもしろいのはそういうときって、もちろんのぞんでやってはいるんだけど、自分の意思で選択してやっているわけじゃないんだよね。もっと無意識的なものってのかな。だれかが火をつけると、フッとメロディがわきあがってきて、ああ、明日、仕事があるのに、ダメなのにってわかっちゃいるけどやめられない、とまらないいんだ。

たぶん、そんなメロディ、この社会のほかのだれにもきこえちゃいないんだろう。群れからはなれっぱなし、ずっとはなれっぱなし、とおまわりのクソッたれの人生。絶対孤独だ。でも、ひとたびそのきこえないはずのメロディに身をゆだねてみれば、もうなんにもこわくない。身体が勝手におどりだす、かるくて、かるくてしかたがない。ハネろ、ハネろ、ハネろ。なんつうのかな、極楽にでもいった気分ってんだろうか。現にあるものから解放されて、どこにもあるはずのないところにピョンととびだしていく。現世にいながらにして、あの世に往《ゆ》くみたいなね。快・感！

しかもね、こういうのを必然ってのかな。なんだかずっと昔から、そのメロディに酔いしれているようにもおもえてきてね。だってさ、こういうのおいらたち三人だけじゃない、エマさんだけでもない、中世の人たちも、古代でも、それこそ原始のころから、おんなじことをやってきたわけだろ。細胞レベルでその記憶がよみがえるんだ。よりよい労働者であれ？　よりよい農民であれ？　よりよい妻であれ？　よりよい奴隷であれ？　ふざけんじゃねえぞ。世界をケトバセ。火のついた猿、火のついた猿。毛のない猿たちが狂ったようにおどりはじめる。エマにもなれる、サルにもなれる。人間は一人にして集団である。

そういや、いまご紹介した五井さんが、さいきん詩人リルケの文章を翻訳していてね。ちょうどメロディのはなしをしているんで引用しておこう。


あらゆるメロディを感じとる者は、もっとも孤独な者であるとともに、もっとも共同体に結びついた者となるだろう。なぜならひとはそのとき、ほかの誰にも聴こえないものを聴くからであり、そしてただそれだけを理由としてひとは、じぶんじしんの完成のなかで、他の者たちが耳をすませながら、漠然とした断片しか聞きとることのないものを理解することになるのである。

（リルケ、五井健太郎訳「諸物のメロディに寄せて」）

えっ、メロディってなんですかって？　ウォーウォーウォーウォーウォーウォウォ、ウォウォウォウォウォッウォー、ウォーウォーウォーウォーウォーウォオウォーウォー、ウォウォウォウォウォッウォー、ウォウォウォ〜〜〜、ウォーウォーウォーウォーウォー、ウォウォウォウォウォッウォー、ウォウォウォウォウォウォッウォ〜〜〜、ウォーウォーウォーウォー♪　と、いうことだ。ほかのだれにもきこえない、得体のしれない音がきこえてくる。だったらうたえ、おどっちまいな。孤独を喰らえ。現にあるものをブチこわし、どこにもないところへぶっとんでいけ。いまこの場に、あの火のついた猿たちをよびおこせ。それでなにがしたいのか？　ようこそここへ、遊ぼうよ、パラダイス。いっしょに遊ぼう、好兄弟。いっしょにうたおう、好兄弟。いっしょにおどろう、好兄弟。諸君、狂いたまえ。世界をケトバセ。東京のバカヤロー！　メロディ。

きみのゲロを食べたい

もしかしたら、おまえなに調子にのって、なかながとカラオケのはなしをしてんだよっていうひともいるかもしれない。ドンマイ！　てなわけで、ここからはアナルコ・コミュニズムのはなしをしていきたいとおもう。いやね、アナルコ・コミュニズムというのは、アナーキーを前提としたコミュニズムってことなんだけどさ、これ、さっきいったはなしともつながっているんだよね。ほら、コミュニズムっていうと、どうしても制度をおもいうかべちまうだろう？ちなみに、コミュニズムってのは「各人の能力におうじてはたらき、各人の必要におうじてうけとる」という意味なんだけど、それを実現するためには、共産党のご指導のもと平等な国家をつくっていきましょうとかっていわれていたわけさ。あるいは、アナキストにしたって、チョビッと定義をかえて「各人の能力におうじてはたらき、各人の欲求におうじてうけとる」っていってきたんだけど、まあまあ、それってうけとる人たちの欲求に力点をおきながら、国家には依存せずに農業や工業をこういうふうに設計して、支配のない制度をつくっていきましょうっていっていただけなわけさ。

でも、そうやってみんなにとって唯一ただしい制度みたいのをたてちまうと、どうしてもそのためにひとにしたがえ、したがえっていいはじめて、あたらしい支配がうまれてしまう。だからそういうんじゃなくて、うたうんでもいい、おどるんでもいい、ストライキでもいい、サボタージュでもいい、暴動でもいい。現にあるものをブチこわしていこうとする。この世が主人と奴隷の関係でつくられているんだとしたら、そこからスルッとぬけだしていこうとする。この世のなかを離脱していこうとする。そういう欲望や願望をぜんぶひっくるめて、コミュニズムっていっていいんじゃないかとおもう。イヨーシッ、極楽がみえちまったぞ、いくぜ！ってね。なむあみだぶつ。

もちろん、そうはいってもアナキストのなかにも、これがコミュニズムのベースでしょうってのはあってね。「相互扶助」だ。さっきも言ったように、コミュニズムとは「各人の能力におうじてはたらき、各人の欲求におうじてうけとる」ってことなんだけど、もっとかんたんにいえば、これさ、みんながやりたいことをやって、ほしいものをもらいましょうっていっているだけなんだよね。おもうぞんぶん好きなことをやりまくって、それこそなんでそんなことやってんのかわかんないくらい、ぶっとんだことをやっちまって、なおかつ、こまっているやつがいたら、おせっかい上等、いやがられてもたすけてしまう。それでいて、気づいたらみんなほしいものを手にいれていたりね。そういう生のありかたを相互扶助っていう。

もうちょい、ていねいに紹介してみよう。ふだん、ひとは国や会社がないと生きていけないっておもわされている。もっとはっきりいってしまえば、カネをかせげなきゃ生きていけないっておもわされている。お国のお世話になっているんだから、たくさん税をおさめられなくちゃいけない、それができたらご立派ですよとか、会社に食わせてもらってるんだから、たくさん会社に貢献しなくちゃいけない、それができたらご立派ですよとか、たくさんかせぐことができたらご立派ですよとか、それができなきゃろくでなしだ、クズなんだよとか、ようするに、これだけやったから、これだけ評価してもらいましょう、これだけ見返りをもらいましょうっていわれているんだ。交換の論理である。そんでもって、その論理で生きることがあたりまえだっていわれているんだけど、でもね、そこに相互扶助のはなしをいれると、そうじゃないってことがみえてくる。

じゃあじゃあということで、一九世紀のおわりから、二〇世紀初頭にかけて活躍したアナキストに、ピョートル・クロポトキンってひとがいてね。かれの主著に『相互扶助論』ってのがあるんだけど、この本のなかでクロポトキンは、人間だけじゃない、生きとし生けるものの根っ子にはつねに相互扶助があるっていっているんだ。だれかのためになにかをするってのは、見返りをもらうためだけじゃない、カネをもらうためだけじゃない、損得ぬきでこいつをたすけたい、あいつに手をさしのべたい、自分にとっちゃなんのメリットにもならなくても、目のまえでこまっているやつがいたらたすけてやりたい、ひともほかの生物も無意識的にそういうことをやらかす力をもっているんだ。そういう力があったからこそ、うちらこんなにながいあいだ生きてくることができたんだってね。

でさ、このクロポトキンってひとがおもしろいのは、おおまじめに、アリの相互扶助からはなしをはじめていることとなんだ。ヘヘッ、狂ってるね。ちょっと有名なくだりがあるんで、引用してみよう。

「もしその何れかが飢え渇いていて、他の一疋《いっぴき》が満腹しているというような時には、……その飢えている蟻《あり》はただちに食物を請い求める。」請われた蟻はけっしてそれを拒絶するような事はない。まずその口を開いて、適当な身構えをし、一滴の透明な液汁を吐き出して、その飢えた仲間に舐《な》めさせる。かく仲間のために食物を吐き出すという事は、自由な生活をしている蟻の社会の極めて重要な特徴であり、飢えた仲間を助けたりまた幼虫を養ったりするために常に行われている。

（ピイタア・クロポトキン、大杉栄訳「相互扶助論」『新編　大杉栄全集』第一〇巻、ぱる出版）

いっていること、わかるだろうか？　アリさんとアリさんがヒョイとでくわしたとする。そんでね、ひとりがハラペコで死にそうだ。おいら、もうダメだようってね。そしたら、もうひとりのアリさんがどうするかっていうと、なにもいわずにとつぜんウゲェッ、ウゲェッっていって、ゲロゲロとはきはじめるんだ。そんでもって、どうぞお食べくださいませっていうんだよね。ハラペコだったアリさん。ア、アニキ〜っていいながら、バクバクッて、そいつを食らう。それで食いしのいでいくってはなしだ。いいはなしだよね。あたりまえだけど、その恩をかえしやがれなんていうやつはいない。ゲロだしね。しかも、それをとくに仲のいいやつらだけがやってんじゃないんだ。どんなやつにでもそうするし、そもそも子育てにもいかしている。いつだって、みんながさけぶ。アニキ、アニキ、アニキ〜〜ッ！　きみのゲロを食べたい。それが相互扶助の神髄だ。

無政府は事実だ

そいじゃ、つづきとまいりましょう。クロポトキンはいうわけだ。アリさんなおもて相互扶助ス、いわんや人間をやってね。でね、このはなし、日本の文脈にそくして紹介したのが、伊藤野枝なんだ。かの女に「無政府の事実」っていう文章があってね。野枝さんは、福岡の今宿っていうド田舎出身なんだけど、その田舎をみればふつうに相互扶助をやっているぞっていっているんだ。都会にいると、みんなカネ、カネっていって損得を計算して生きているけど、田舎はちがう。たいていの場合、みんな損得ぬきでうごいていて、しかもそれで村はまわっている。というか、そのほうがぜんぜんスムーズにまわっているんだ。野枝さんは、こんなふうにいっている。

私共は、無政府共産主義の理想が、到底《とうてい》実現する事のできないただの空想だという非難を、どの方面からも聞いて来た。中央政府の手を俟《ま》たねば、どんな自治も、完全に果たされるものでないという迷信に、皆んなが取りつかれている。

ことに、世間の物識《ものし》り達よりはずっと聡明な社会主義者中のある人々でさえも、無政府主義の『夢』を嘲笑《あざわら》っている。

しかし私は、それがけっして『夢』ではなく、私共の祖先から今日まで持ち伝えて来ている村々の、小さな『自治』の中に、その実況を見る事ができると信じていい事実を見出した。

いわゆる『文化』の恩沢を充分に受ける事のできない地方に、私は、権力も、支配も、命令もない、ただ人々の必要とする相互扶助の精神と、真の自由合意による社会生活を見た。

（伊藤野枝「無政府の事実」『伊藤野枝全集』第三巻、學藝書林）

さすが野枝さん、いいことをいう。アナルコ・コミュニズムっていうと、なんだか、とおい未来の理想郷みたいにおもわれがちだが、そうじゃないんだよね。パッと田舎の生活にでも目をむけてみれば、たいていのことが相互扶助でまわっている。たとえば、野枝さんはこんな例をあげている。ある日、ひとりぐらしのおばあちゃんが病気でねこんでいました。すると、田舎の人間関係ってそういうもんで、みんな顔みしりだから、なんか、あそこのババアが外にでてこねえなっておもったら、近所のおばちゃんとかがみにきてくれるわけさ。ズカズカって勝手に家にあがりこんでいって、バアちゃん、だいじょうぶかって声をかける。

そんでさ、こりゃやばいぞっておもったら、すぐに医者をよびにいくわけだ。カネなんてなくてもかまいやしない。近所のひとたちでカネをだしあって、なんとかしてしまう。あとは返せるときに返してくれればいいですよ、もしムリだったら返さなくてもいいですよってね。しかもさ、これあたりまえだけど見返りをもとめてやっているわけじゃない。ビンボーなババアによくしたって、とくにそれでいいことなんてないわけさ。でも、ひとがこまっているっておもったら、身体が勝手にうごいてしまう。おせっかいだ、おせっかいがしてえ。相互扶助ってのはそういうもんだ。

あるいは、野枝さんはこんなこともいっている。ある日、台風の影響で、ある家のまえの大木がたおれてしまいました。道がふさがってしまって、これじゃ街にでらんない。こういうとき、どうしたらいいのか？　みんな行政にはたよらない。行政におねがいしても、なんやかんやと理由をつけられて、たらいまわしにされたり、たとえうごいてくれたとしても数週間後とかになっちまう。そんなんじゃ、生活なんてできやしない。でも、じっさいにはそうはならないんだよね。

なんでかっていうと、道に大木がぶったおれていたら、どげんしたと、どげんしたとっていって、近所の人たちがあつまってきてくれるんだ。そしたら、だいたいその場ではなしあいがはじまってね。ひとりでも土木関係にくわしいやつがいれば、あんた、ここでこううごいてくれ、あんたはこれね、あんたはっていって、もう勝手にうごきはじめる。そしたら、だんだん、ほかのひともなにをやればいいのかわかってきて、じゃあオレはこれをやるよ、あたしはこれってていって、ドンドンいわれてないことでもうごきはじめる。気づけば、もう大木がどけられている。もちろん、それでカネをだせっていうやつなんていやしない。そりゃ、家のひとが感謝して、みんなに酒をふるまうとか、そういうことはあっただろうけどね。基本姿勢はただひとつ。どげんしたと？

もうひとつくらい例をだしておこうか。よくさ、行政なんてたよりにならねえ。いざとなったら、テメエのことはテメエでやるだっていっていると、いやいや、犯罪がおこったらどうすんですか、警官がいなきゃどうにもなりませんよっていわれることがある。でも、野枝さんの田舎じゃそうじゃないんだよね。ある家がドロボーにはいられた。そりゃかわいそうだ。村の衆みんなで、そのコソドロをとっつかまえる。腕っぷしのいい兄ちゃんもいれば、説教好きのおっさんだっている。みんなでボッコボコにして、ギャアギャアとわめきちらす。そんでもって、ムダに長時間、あいてがグッタリするくらい説教をたれてね。で、あいての事情をきいたうえで、あんましビンボーなやつだったらカワイソウだしってことで、警察にはひきわたさずにリリースする。情状酌量だ。テメエらのことはテメエらでやる、やれるんだ。ファック・ザ・ポリス！

とまあ、野枝さんは自分の地元であったはなしとして、そんなことを紹介している。どうしても国や会社ありきで生きていると、わたしはあのひとにこれだけのことをしてもらったから、これだけのことをしなければならない、わたしはあのひとにこれだけ役だつことをしたから、これだけ評価してもらわなきゃいけないと、すべてが有用性の論理でまわっているかのようにおもってしまう。でも、いざ身のまわりをふりかえってみれば、いがいとひとってそういう論理でうごいていないんだよね。

国や会社は、カネをはらわなきゃ、なにもせんぞっていうかもしれないが、ひとってのはちかくでこまっているひとがいたら、無意識のうちに手をさしのべてしまうもんなんだ。カネくれっていうまえに、身体が自然とうごいてる。ありふれた無償の生。なりふりかまわず損得ぬきでうごきはじめて、気づけばなんとかなっている。国がなくても死にやしない。カネがなくてもくらしていける。シレっとやりな。いざとなったら、なんとかなる、なんでもできる、なんとでもなる。無政府は事実だ。

コミュニズムを暴走させろ

いやあ、だけどちょっとまってよなんだよね。たしかに田舎のくらしをみれば、無政府の事実はあるんだけど、田舎は田舎なりのしばりがあるわけさ。だってさ、みんながみんな顔みしりなわけだからね。それって、ややもすれば他人を監視する目にもなる。たとえば、村ってのは、家はこういうもんだってのがきまっていて、そこからハミだすやつがでてこないようにみはっているんだ。ハミだすやつがでてきたら村八分にする。女なのにつつましやかにしないやつがいるとか、親の縁談にもしたがわないで好きな男のもとにはしるやつがいるとか、不倫しているやつがいるとかね。そういうやつがいたら、もじどおりつまみださなくても、うわさばなしがたって、そこにいられなくなっちまう。しかもこわいのは、それがあたりまえになると、だれにいわれることもなく、みずからすすんでそれにしたがってしまうことだ。ザ・世間体！　じっさい、野枝さんもそういうのにめっちゃ苦しめられていてね。だからこそ、故郷をとびだして花の都、大東京にでていったわけだし、なにより高等小学校時代にすごくよくしてくれた女性教師がやっぱり世間体に苦しめられて自殺しちゃったりしていてね。だからさ、村ってのは、ひとがこまっていたら自然と身体をうごかしてたすける、それがあたりまえなんだってのもあるんだけど、もう一方で家の論理みたいに、女は男にしたがうのがあたりまえだ、だからまもってやってんだ、たすけてやってんだ、それが自然なことなんだ、伝統なんだよってのもあるわけさ。むしろ、その後者がめっちゃつよくてね。いくら相互扶助がどうこうといっていても、それが自然なことなんだ、伝統なんだっていっていたら、しらずしらずのうちに、そういう村の掟みたいのを内面化しちまったりしていてね。やけに世間体が気になる。だから、野枝さんにとっちゃ、そことの対決がめっちゃだいじだったんだとおもう。

でね、このへんのことを考えるのに、さいきん、すごくいいなっておもっているのが、アナキスト人類学者、デヴィッド・グレーバーの『負債論――貨幣と暴力の五〇〇〇年』（以文社）だ。

グレーバーはひととひととのかかわりかたには、おおきくいって三つの原理があるっていっている。

(一)コミュニズム
(二)交換
(三)ヒエラルキー

ひとつ目のコミュニズムは、いまいった相互扶助のことだ。でもグレーバーがなるほどっておもわせてくれるのは、コミュニズムをひとの日常にひらいていることでね。しかも田舎だけじゃない。ふだん、おいらたちがくらしている日常生活にまでひらいているんだ。たとえば、おいらが友だちとおしゃべりしていて、全力でおもしろいことをいったり、わらかせたりするだろう。それでカネくれなんていわないしね。あるいは、おいらははたらいてないけど、かりに職場にいてペンをおとしてしまった、そんで同僚がひろってくれたとしても、その同僚がカネくれだなんていわないよねと。そこには対価も見返りもヘッタクレもない。損得なんてどこにもない。ひとってのはあたりまえすぎてわすれてしまいがちだけど、はたらかされている時間もふくめて、たいていはこの無償の生でいきているんだ、コミュニズムを生きているんだ。しかしね、この世のなかじゃ、ふたつ目の交換のロジックがめっちゃつよくなっている。交換ってのは、これだけのことをしてもらったんだから、わたしはこれだけのことをしますよってことだ。つねにやったことにたいして、見返りをもとめていく。逆に、これだけのことをしてやったのに、その借りをかえさなかったやつがいたってなったら、もうたいへんだ。恩しらず、ひとでなしっていわれて、ひとじゃないからなにをされても文句はいえない。むかしだったら、もじどおり奴隷にされちまったりね。なんかこれね、融通がきかねえってのかな。すんげえキビしいロジックだっておもうんだけど、でも、いまの資本主義の世のなかじゃ、すくなくとも意識のうえでは、そうやってひととかかわるのがただしい価値観だっておもわれている。

しかも、おそろしいのはさ、第2章でも紹介したけど、いまの資本主義ってのは、ひとのプライベートまで交換の論理にまきこんじまうってことだ。ほんとは友だちや恋人と遊んでいるのにいいもわるいもない。でも四六時中、オンライン状態になって、SNSで投稿して、いいね!をもらおうとすると、はなしがかわってくる。自分のやった行動がいつだって役にたっていなくちゃいけないとおもえてくる。よりよくなれ、よりよくなれ。気づけば、プライベートまで見返りをもとめるようになっている。まるで、友だちをわらかせることがいいね!をもらうのとおなじことみたいだ。アッチョンブリケ！

でだ。みっつ目のヒエラルキーってのは、これがこの村の、この部族の伝統なんだっていわれてきたものを暗黙の前提として信じるということだ。それこそ、家父長制の論理もこみこみでね。そんでもって、その伝統を熟知しているのは、そりゃ目上のひとであり、歳をとった人たちだからね。そういう人たちのことをうやまいましょう、いちばんテッペンにいるひとのことを崇拝しましょうってのがヒエラルキーの原理だ。でさ、この原理を古くさいっていってなめることなかれ。むしろ、グレーバーは、これがいちばんこわいんだっていってるんだ。

だってさ、ひととひととのあいだに支配をなくしていきましょうっていうときに、コミュニズムをおもいうかべるのはけっこうわかりやすい。そりゃそうでしょう、恩にきせずにただひとがひとをたすけるんだから。あるいは、コミュニズムに交換のロジックをもちこまれたとき、そのヤバさに気づくのもわかりやすい。だって、友情がカネにとってかわられるってことだからね。そりゃコンチクショウっておもうでしょう。でも、コミュニズムがヒエラルキーにとってかわられたときってわかりにくいんだ。目のまえで自分よりも弱いやつがこまっていたらそりゃたすけるでしょう、それがあたりまえだっていっていたら、男が女をまもるのはあたりまえだとかいっていて、気づいたら、あれ、支配ですか？みたいなね。

あるいは、この世の支配にファックユーっていって、コミュニズムに徹しようとしたとする。みんなでたすけあって生きていくぞっていって、いざ自給自足のコミューンをつくってみたら、なんか支配を根絶するためには、このただしい掟がぜったいに必要なんだとかっていわれていてね。気づけば、あれもダメ、これもダメ、ぜんぶダメ、なぜならそれがひとの自然だからだっていっていたりする。しかも、そういうのを声を大にしていうひとが教祖さまみたいになっちまっていてね。ほかのひとが信者になっちまう。ヒエラルキーのいっちょあがりだ。

だから、グレーバーはただたんにコミュニズムに意識を集中させて、それに徹していくだけじゃダメなんだ、そうじゃなくて、もうちょいゆるりと考えていきませんかっていっているんだ。たとえばきほん交換のロジックで生きていても、ベースにコミュニズムがあるってときもあるでしょうと。ふだんカネをつかって生活していて、これだけのものをゲットするには、これだけのカネが必要だってのはきまっているんだけど、いざカネがないひとがいたら、それはそれでいいよっていって、お店のひとがツケで生活必需品をくれたり、メシをだしてくれる。で、お店のひとも採算がとれなくてこまったりするんだけど、そしたらまたいろんなひとに借金をするわけさ。返せないから返さない。まわりもみんなツケでやりくりしているから、キッチリはらえだなんていってこない。ツケにつぐツケ、そしてさらなるツケだ。じゃあ、どうすんのかっていうと、年に一回、街ぐるみで債務帳消しにしましょうってのをやったりするわけさ。これで、だれもなんにもこまらない。基盤としてのコミュニズム。おめでとう！

　あるいはさ、ヒエラルキーのベースにコミュニズムがあるってこともあるわけさ。たとえば、ある部族で首長がいて、かれがトップにたっている。ヒエラルキーはあるわけだ。でも、もし首長がひとりでハッスルして、なんでもかんでもきめようとしたら、内紛がおこってとりかえしのつかないことになっちまう。だから、部族によっては首長が権威をもたないようにしているとこがあるんだよね。村の寄り合いがあったとき、首長は私財をはたいて村人たちをもてなす。そんでもって、自分の意見はいわずにひたすらみんなの意見をきくんだ。そんで、みんなが納得するような案をだして村の運営をおこなっていく。そのうちに、カネもなくなっちまうしね。上にいけばいくほど権威をうしなっていく。それにさ、部族によっちゃ、狩人のあいだに競争がおこらないようにもしていてね。強者が部族をしきらないように、男たちがケモノを狩ってきたら、それをとりあげてみんなで平等に分配するってとこもある。ね、コミュニズムっぽいでしょう。これさ、文明国家みたいにひとがひとを支配して、それにさからうやつらがでてきて戦争になるっていうのがイヤで、あえてそうしているんだ。ごくろうさん。

　とまあ、グレーバーがいっているのはこんなところだ。どうだろうね？　おいら、ちょっとおもっちまうのは、『負債論』のなかでひかれている例はどれもおもしろくて、いいねっておもうんだけど、でもちょっとものたりないんだよね。なんかさ、コミュニズムと、交換と、ヒエラルキーのなかでグルグルまわっちまっているんだ。出口なしっていうか。だってさ、ツケでまわしていく経済にしても、権力をつくらせない社会にしても、それをモデルにして制度設計をしたら、それはそれでまたああしろ、こうしろっていう支配がたっちまうだろう。それじゃダメなんだ。もう一声ほしい。

どうしたらいいか。おいら、ヒントはおなじくアナキスト人類学者のピエール・クラストルにあるとおもっている。かれに『国家に抗する社会――政治人類学研究』(水声社)ってのがあって、これがまた名著なんだ。おもしろいのは、さっきいった権力をつくらせない部族社会のなかで、いきぐるしさをおぼえちまう狩人たちがいたって記述なんだよね。せっかく苦労してケモノをとってきても、とりあげられて、みんなに平等にくばられちまう。これ、いいことではあるんだけど、それがルールになっちまうと、なんだか自分がほかの狩人とおなじだ、交換可能なんだっていわれているみたいでね。ちょっとイヤになっちまう。

で、どうすんのかっていうと、狩人たちが夜な夜な、テントの外にでて、いきなり歌いはじめる。チョ・チョ・チョ・チョ・チョ・チョ・チョ〜〜〜、チョ・チョ・チョ・チョ・チョ・

チョ・チョ〜〜〜♪　森のなかで、狩人たちがいっせいに歌いはじめる。いろいろバリエーションはあるらしいんだけど、どれも、オレはすごい、オレはすごいんだァ、オレ、オレ、オーレイ！っていってっているらしい。ヒャッハーッ！　メロデイだ、あきらかにだれにもきこえちゃいないメロディが狩人たちにはきこえている。めっちゃ孤独だ。でも、この孤独な歌のなかに、支配がなくなったはずのこの社会の支配から離脱していこうという意志をかんじる。おいら、そうやってなにがなんだかわかんないけど、もがき苦しみながら暴走していく、そういう狩人たちの孤独な歌のなかに真のコミュニズムがひそんでいるんじゃないかとおもっている。暴走、暴走、暴走だ、そしてさらなる暴走だ。コミュニズムとは、コミュニズムを離脱してこそコミュニズムである。コミュニズムを暴走させろ。いくぜ、アナーキー！

ここが新天地じゃなかったら、どこにも新天地なんてないんだよ

さて、じゃあこの離脱ってのをどう考えていったらいいのか。おいら、それをおしえてくれているのが、ドイツのアナキスト、グスタフ・ランダウアーだとおもっている。かれは、一八

七〇年うまれなんでね、エマ・ゴールドマン、ルドルフ・ロッカーと同年代のひとだ。あっ、日本でいうと、幸徳秋水《こうとくしゅうすい》が一八七一年うまれなんだけど、そういや本書じゃ紹介していなかったので、名前をだすくらいでやめておきましょう。でね、ランダウアーについてひとつだけいっておくと、かれは一九一九年、ドイツ革命の余波をうけてミュンヘンで蜂起。ミュンヘン・レーテってのをたちあげてね。あっ、「レーテ」ってのは「評議会」っていう意味だよ。民衆の自治でミュンヘンをしきっちまおうってことだ。でも、さいごはドイツ義勇軍っていう右翼民兵に攻めこまれて、ぶっ殺されちまったひとなんだ。

そんじゃ、ランダウアーはどんなことを考えていたのか。かれは「民衆」と「大地」ってことばをよくつかっている。民衆ってのは、いまこの世界では主人か奴隷かどちらかであることがしいられているとしたら、そのどっちでもないなにかに化けていく人たちのことだ。でね、大地ってのは、そういう人たちがめざす場所ってのかな、だれにもなんにもしばられないそういう領土のことを大地っていってるんだ。しかも、おもしれえのは、この民衆ってドイツ語だと「Volk」なんだよね。「民族」っていう意味でもある。太古の歴史から、なにかしらの伝統を共有している人たちってことだ。

えっ、どういうことですかっておもわれるかもしれないが、たぶんランダウアーのあたまのなかじゃ、モーセの『出エジプト記』があったんじゃないかとおもう。ほら、モーセってさ、エジプトで奴隷あつかいされていたヘブライ人をひきつれて、まだみぬ新天地にむけて脱出していったわけだろ。エジプトの軍隊におわれて、海においつめられながらも、海にむかって、ちえええっ、ちえええっ！って杖をふったら、海がデーンッとかいって、まっぷたつにわれちまってね。イヨーシッとかいいながら、みんなでテコテコと逃げていく。エクソダスだ。

もう一回いっておくと、ランダウアーの民衆のイメージってこれなんだよね。どこにも支配なんてない、そんな大地があるんだっていって、そこにトンズラしていく。海をきりひらいてでも、そこにとびこんでいく。そうやって主人でも奴隷でもない、真に自由ななにものかに変わっていこうとするやつらが民衆なんだ。でさ、これってみんな歴史的に共有しているでしょう、伝統でしょうっていうんだ。

ほれ、モーセだけじゃない、逆にその後継者たちがユダヤ教なるものを権威にしたてあげて、したがえ、したがえって人びとを支配しはじめたら、イエスみたいのがあらわれて、そいつをムッチャクチャにぶっこわしはじめたりね。あるいは、そのイエスがキリストさま、聖人さまってあがめられて教会の権威みたいのがたっちまったら、エックハルトでも、ジョン・ボールでも、ルターでもトマス・ミュンツァでも、カルヴァンでもいいが、そういうのをぶっこわして、また離脱しはじめるようなやつらがでてきたりね。

てゆうか、宗教にかぎらず、スパルタクスみたいに奴隷が反乱をおこすんでもいい、名もなき農民たちが田畑から逃散するんでもいい、山賊になるんでもいい、海賊になるんでもいい、ただたんにヴァガボンドみたいな放浪の民になるんでもいい。そうやって、この世界の支配から離脱していこうっていうやつらは、太古の昔からずっといたでしょうと。そういう伝統を共有している人たちのことを、民族とか民衆っていっているんだ。ちええっ、ちええっ！

でもね、ランダウアーはこういうんだ。いまここに、民衆は実在していないと。なぜかというと、その民衆がいるべき場所に国家と資本がいすわっているからだ。だってさ、国家のあるところ、ひとは国民になっちまうからね。納税者か兵隊かでしかない。みんなお国のために役にたっているかどうかではかりにかけられる。いちどもまもってもらったことなんてないのに、おまえはお国にまもってもらっているから生きていられるんだぞっていわれて、ムリやり税を収奪されたり、お国のためには命捨てるのがあたりまえだっていわれて、戦地におくられたりね。奴隷だ。あるいは、資本のあるところひとは労働者でしかない。カネではかりにかけられて、おまえらはご主人さまからカネをもらっているから、生きていられるんだっていわれて、なんでもかんでも命令をきかされる。奴隷だ。そこに民衆はいやしない。

じゃあ、そこからぬけだしていくためにはどうしたらいいか？　ランダウアーは注意しろっていっている。なにかっていうと権力だ、権力とガチでやりあっちゃダメなんだってね。これは国家や資本と真正面からやりあったら、そりゃあいては軍隊も資金力もハンパないわけだからね。勝てないってのもあるんだけど、それだけじゃない。国家とがっつり四つでやりあっていたら、こっちも政党をつくって、政治家を輩出して、この国をよりよくしていかなくちゃいけないってなるんだ。その結果、これ一〇〇パーセントそうなんだけど、そういうやつらがまた、おまえら税金をはらえっていうようになっているんだよね。オレたちはちゃんといいつかいかたをするから、ちゃんと税をはらいましょう、ちゃんと正義のための戦争をしますから、ちゃんと戦地にいきましょうと。えっ、よりよい国民になれ？　よりよい兵隊になれ？　ああ、戦争なんていきたくねえんだよ。よりよい国民になるということは、よりよい奴隷になるのとおなじことだ。

あるいはさ、資本家とガチでやりあってもおなじなんだよね。つよい資本力とたたかうためには、こっちもどでかい労働組合をつくるしかない。でもそれをやっていたら、こっちも組合のなかでヒエラルキーができていて、あたらしい権力がたちあがっている。たとえそれで賃金があがったとしても、それってこんだけもらってるんだから、もっとちゃんとはたらけっっていわれているだけだしね。もらえばもらうほど、カネになることしかできなくなっていく。遊ぶな、うたうな、踊っちゃいけない。そういうのを奴隷の生をしいられるっていうんだとおもう。しかもさ、国民や労働者ってのは、過去の民衆たちをおもいださせないようにできてんだよね。だって、つねに未来を意識させられるんだから。明日のために生きましょう、一〇年後も二〇年後も、たくさん税をはらって、戦争にいって、安い給料でコキつかわれてくれる人たちをたくさんつくりだしましょう。もちろん、そういうことをそのまんまいうと反発をうけちまうから、あんたら家庭をもって子どもをつくって、その子どもを立派にそだてあげるためには、この国を、この経済をまもっていかなきゃならないっていわれているんだよね。いまはガマンしてたえしのびましょう。いまはガマンして戦争にいって死んでください。マジヤベエ！

これね、権力とガチになって、コミュニズムという制度をたてようとするのもおなじことだ。そういう未来をつくるためには、いまはガマンだ、上からの命令には絶対服従ってなっちまうからね。未来の名のもとに、あたらしい支配がうまれていく。ぶっこわすしかない。ランダウアーはこういった。国家なんていらねえんだよ。労働なんてクソくらえ。あらゆる制度にファックユー。この世界を離脱しちまいなってね。国民を捨てろ、労働者を捨てろ、そんな生きかたぜんぶマルッと捨ててしまえ。この世界とは非対称な生きかたをはじめるんだ。仲間たち！

仲間たち！
でもさ、これいざやろうとすると、みんなひるむんだよね。だって、いままでの自分の人生をぶっこわしちまうってことだから。自己テロルだ。スッカラカンになっちまう、ゼロになっちまう。だからさ、みんなそんなのいつやるんですか、どんなことをきっかけにやればいいんですかってきくんだけど、ランダウアーはこういうんだ。

現在と未来の間に隔たりがあるなど、もはや私たちは思っていません。私たちは知っています。「ここが新天地でなかったら、新天地などどこにもない」ことを。今この瞬間に行動しないなら、もう絶対に行動することなどないのです。
（グスタフ・ランダウアー、寺尾佐樹子訳『自治 - 協同社会宣言——社会主義への呼びかけ』同時代社）

チャッハハ！　ここが新天地じゃなかったら、どこにも新天地なんてないんだよ、だから、いまこの瞬間にやるんだろうがァ、やるならいましかねえ、いつだっていましかねえってね。新天地!?　あきらかにみえちゃいけないものがみえている、ほかのだれにもみえちゃいないものがみえている。どこからともなく、きこえちゃいけない歌がきこえてくる、ほかのだれにもきこえちゃいない歌がきこえてくる。メロディ。でも、ひとたびそれに身をゆだねてみれば、もうはじめから、そうすることがきまっていたかのような感覚にとらわれる。だって、過去の民衆たちとおなじことをやっているんだから。過去にまいもどっているんだから。いっしょにうたおう、好兄弟。いっしょにおどろう、好兄弟。自分の身体が民衆へとかわっていく。国民じゃない、労働者じゃない、主人でもない、奴隷でもない、得体のしれないなにかに化けていく。よお、兄弟！

自分の殻をつきやぶれ、人間の殻をつきやぶれ。モーセにもなれる、イエスにもなれる。毛のない猿、毛のない猿。そうして身をなげ捨てて、うりゃあといってたちあがれば、かならずだれかにメロディがとどく。そいつもつられておどりだす。逃散農民にもなれる、山賊にもなれる、ケモノにもなれる。火のついた猿、火のついた猿。オレも、オレも、オーレイ！　まあまあ、ランダウアーの場合、それでほんとに自分をこえろ、人間をこえろっていいながら、死を賭してたちあがって、よっしゃ、ミュンヘン・レーテだ、この世界から離脱するぞってやっていたら、マジで離脱させられちまったというか、ぶっ殺されちまうんだけどね。ちええっ、ちええっ！

ちなみに、ランダウアーは、そんなふうにとつぜん新天地がみえちまうことを「過去が生成される」っていっていた。いまこの場に、あたらしい過去がうみだされる。未来とは生成された過去であるってね。そんでもってほら、「革命」って英語だと「レボリューション」だろう。これ語義からいうと、「回転」とか「再生」のことなんだよね。なんども、なんどもふりだしにもどって生きなおす。ゼロになって、主人でも奴隷でもない生をいきなおす。だれにもなんにもしばられない大地で生きなおす。神もなく主人もなく。そうやって過去とおなじことを、なんどもなんどもくりかえしていく。神を突破せよ、この世界を罷免してやれ。ここが新天地じゃなかったら、どこにも新天地なんてないんだよ。それが革命を生きるということだ。

アナーキーをまきちらせ コミュニズムを生きてゆきたい

もしかしたら、いやいやランダウアーさん、あんた、さんざん権力とガチでやりあうな、非対称なたたかいかたをしていくんだっていっていたけど、でもミュンヘン・レーテとか、どでかいもんをぶちあげちまったら、そりゃやられるでしょう、軍隊とガチになっちまうでしょうっていうひともいるかもしれない。でもね、そうやっていちど死んだ気になってたちあがってみて、みえたぞ、新天地！っていいながら、ドッカーンッとエネルギーを放出してみたら、それに刺激をうけて、われもわれもと民衆が新天地にむけてとびだしてくるってことはあるわけさ。そういうところに命を賭けてみたんだとおもう。やるならいましかねえ、いつだっていましかねえ。

しかしだ。もともと、ランダウアーさん、やろうとしていたのは「ジードルング」ってやつでね。これ、「内地植民運動」って訳されるものなんだけど、いまドイツの国内はどこにいっても国家と資本の論理でもっていかれてしまっている。だから、どっか地理的に離れた場所にいってコミューンをつくるとかいってもダメなんだ、そうじゃなくて、いまこの場にいながらにして、この世界から離脱していく、新天地をつくりだしていく、そういうことをやりましょうということだ。たとえ都会にいたとしても、国家や資本とガチバトルをくりひろげてなにかをかちとっていくってんじゃなくて、もうちょっとシレっと、非公然でもいいから、暗黙の了解でもいいから、そこに主人も奴隷もいない、みんな好き勝手にやりながらも、ちゃんと食っていける、そんなテリトリーをつくりだしていっちゃいましょうよと、そういっているんだ。

でも、これがなかなかうまくいかなくてね。いよいよ、運動がもりあがってきたとおもったら、当時、第一次大戦後のドイツは社会民主党が政権をとっていて、ジードルングを支持してくれちゃうんだ。すると、その支援をうけて、ちょっとした郊外に労働者共同住宅みたいのをたてていく。だけどさ、これってどうなのってはなしだろ。だって、体のいい都市再開発ってのかな。すこしはなれた場所からも、労働者にはたらきにきてもらいましょう、まずしい人たちがはたらきやすい環境をととのえましょうってだけのことだからね。はたらけ、はたらけと。だから、いざことがすすみはじめると、ランダウアーはこの運動からはなれていく。いやだねったら、いやだね。

あるいは、このジードルングをいちばん評価していたのが、マルティン・ブーバーっていう思想家でね。かれはこれを「キブツ」って考えかたにつなげていく。ユダヤ人が支配のない大地をめざして、パレスチナに入植していく。そしてそこに理想的な共同体をたちあげていくんだと。シオニズムだ。でも、それを実践した結果として、第二次大戦後、イスラエル建国だなんだといって、それまで住んでいたパレスチナの人たちをおいだし、虐殺していったというのは周知の事実だ。そういう意味じゃ、手放しでよしとはいえないんだけど、とはいえだよね。ランダウアーが考えていたジードルングは、それとはちょっとちがうんじゃないかとおもう。

たぶんさ、ジードルングってほんとは日本でいう「サンディカ」なんだよね。リャクとか借家人闘争とか、そういうことをやっていたゴロツキだったり、そのたまり場みたいなものだったんじゃないかとおもう。ドイツにもそういうのがわんさかあったんじゃないかっておもうんだけど、それが「キブツ」や再開発のイメージでかき消されちまっているんだよね。でも、ランダウアーのときにはうまくいっていなかったのかもしれないが、そのずっとあとになって、かれらがやろうとしていたことがドイツで花開いたときはあったんじゃないかとおもう。たとえば、一九八〇年代、ドイツ・アウトノーメだ。

これ、「アウトノーメ」っていうのは、ドイツ語で「自律」っていう意味だ。国家からも資本からも離脱して、自分らでまったくべつの生きかたを実践してやるぞと。いや、このときはほんとにすごかったらしくてね。一九八〇年代、西ドイツでは不動産投機がさかんになって、それでカネもちどもが住むわけでもないのにどでかい建物や邸宅を買い占めるってことをやっていたんだ。で、なにがおきたのかっていうと、そりゃ、空き家がじゃんじゃんできる。じゃあじゃあってことで、カネもないし、住む場所もない、あるいは、あっても部屋がちいさすぎて友だちと大声でおしゃべりをすることもできないし、全力でセックスをすることもできない、そういう不満をもった若者たちが、続々と空き家をスクウォットしていくんだ。あっ、「スクウォット」っていうのは、「不法占拠」のことだよ。

これね、ほんとうに規模がすごくて、ぜんぶで二〇〇〇か所、四〇〇〇人がスクウォットをやっていたんだという。大学生だったら大学生のグループで、高校生だったら高校生のグループで、建物をのっとり、そこで共同生活をはじめていく。いやあ、うらやましいよね。ろくにカネもない学生さんたちが、いきなり庭つきの大豪邸に住んじゃったり、建物を一棟まるごとゲットしちゃったりね。そういうことがふつうにやられていたんだ。基本姿勢は、はたらかないでたらふく食べたい。ほんのチョビッとバイトして、それをみんなでだしあって食費や光熱費にまわしたり、日本じゃ信じられないけど、いがいと生活保護がとれちゃったりするんだよね。それでやっていけてしまう。

しかも生活がおちついてきたら、みんな「カネによる支配」にふざけんじゃねえぞっておもっているからね。夜な夜なくりだして、ちかくの銀行の窓ガラスをたたきわりにいったりする。あるいは、ちかくでおなじようなことをやって、暴動騒ぎになっているところがあれば、駆けつけて、それでほかのスクウォットグループとも顔みしりになっていってね。ベルリンじゃ、週に一回とか、スクウォットをやっている連中であつまって、情報共有のための会合とかをひらいていたらしい。でさ、そういうときにかぎって、またどこそこのスクウォットが警察に襲撃されてるぞっていう一報がはいってきたりするんだよね。そしたらもう会合なんてほうりなげて、みんなでバスにのって援護にかけつける。邸宅の庭にあったバカでかい石とかをバッグにつめこんでね。ヒャッハー！

一九九〇年代になると、西ドイツのスクウォットが半分くらい弾圧されてやられちまうんだけど、こんどは東西ドイツが統一されて、東ドイツからドッと西ドイツのほうにひとがおしよせてきたもんで、東のほうに空き家がいっぱいできるんだ。じゃあじゃあってことで、そっちでスクウォットをやる連中が続々とあらわれた。それにこのころになると、ネオナチが移民排斥をやりはじめていてね。ふざけんじゃねえぞ、ファシストをぶっつぶせっていって、スクウォットがその拠点になる。どこそこでネオナチが集会をひらいてるぞって情報がはいったら、スクウォットからバスにのって、そこまで駆けつけてなぐりこみをしかけるとか、そんなことをはじめていく。

あるいは、そこにわってはいってきた警官隊とのバトルになったりね。なかなか行動がもりあがらなかったら、商店の窓ガラスをたたきわってみたり、偵察用の警察ヘリにむけて花火をうちこんでみたりしてね。そんなことをやって、ウヒョオっていいながら、暴動状態をまきおこしていく。そんな小技もあみだされていった。もちろんさ、そういうことをやっていると、こんどはネオナチにスクウォットを襲撃されるようになる。とうぜん、みんなでこれに応戦だ。ネオナチに石をなげつけられて、窓ガラスをバリンバリンわられたら、こんどはこっちがコンチクショウっていって、うえから投石パチンコで反撃をする。しかも、ちょっとこりゃ体をきたえねえとマズイぞっていって、せっかくムダに建物がひろいから、対ネオナチ・トレーニングルームをつくったりね。チャッハハ！　もうなにやってんですかってとこだろ。ケンカにつぐケンカ、そしてさらなるケンカだ。ようこそ、ファイトクラブへ！

そういや、おいら二〇〇七年にドイツにいったってはなしをしたとおもうけど、このとき、ベルリンにも寄ってね。スクウォットをやっているところにも遊びにいってきたんだ。いやあ、おもしろかったよ。そこは一棟まるまる建物を占拠していてね。なんと地下にはライブハウスが設置されていて、夜になると、そこでガンガン爆音を鳴らしてさわぎまくるんだ。そんでさ、泊まりたければゲストハウスもあるよっていわれて、ついていったら駐車場に到着だ。で、みてみたら、そこにはズラーッと廃車がならんでんだよね。ドイツのアナキスト、いわく。これがゲストハウスですってね。いらなそうな車がいっぱいあったからひろってきたらしい。われわれは都会の狩猟採集民だ。チャオ！

とまあ、そんなところだ。もちろん、当初はカネにしばられずにシレっとのんびり生きていこうってひともいたかもしれない。そういう人たちからしたら、ちょくちょくネオナチにおそわれるとかヤバイからね。とくに、子どもがいたりしたらやっていけなくなっちまうわけで、もうちょい不可視の、バトルにならないテリトリーってのもつくりだしていかなきゃなんないだろうけど、とはいえ、すごいよね。やることはやっているし、やれるところまでやりきっているんじゃないかとおもう。

もとの目的をはるかにこえて、なんで自分がそうしているのかなんてわかんないけど、ケンカにつぐケンカ、そしてさらなるケンカ、遊びにつぐ遊び、そしてさらなる遊びをまきおこしていく。そんでもって、そうさせてやまない力を、自分にもだれにも制御できない力をかんじとっていくんだ。だれにたのまれたわけでもないのに、ネオナチになぐりこみをしかけたり、ゲストハウスをつくったりね。暴走するおせっかい。けっして均衡のとれない合成された力。すぐにバラけていくんだけど、であったやつらで力がかみあったり、衝突をくりかえしながら、わるのりにつぐわるのりをはじめ、その力をさらに暴走させていく。手に負えない。ランダウアーがジードルングでイメージしていたのも、そんなかんじだったんじゃないかとおもう。

よーし、そろそろまとめにしよう。ランダウアーはよく「ユートピア」ってことばをつかっていてね。これさ、理想郷っていう意味じゃないんだ。「トポス」ってのが、「いまここにあるもの」、「現にあるもの」のことだとしたら、ユートピアは「いまここにないもの」、「どこにもありえないもの」のことである。いってみりゃ、トポスってのは現にある秩序のことだ。たいがい、主人と奴隷の関係でできていて、その役割もきまっていて、それでこいつは役にたつとか、たたないとかいわれている。

でさ、ひとの思考ってたいがいなもんで、この秩序だけでものを考えてしまいがちなんだ。古代奴隷制から封建制にかわりました、資本制にかわりました、ああ、人類はずいぶん発展してきましたねみたいな。けっきょく、ふるい秩序からあたらしい秩序へ、トポスからトポスへという枠でものを考えている。でもさ、これじゃなにもかわっちゃいないんだ。だって、ずっと主人と奴隷の関係できちまっているんだからね。だから、ランダウアーは口をすっぱくして、こういっている。ユートピア、だいじ。それはつねに秩序からはみだしていこうとするもののことだ。トポスからトポスへのあいだにあるもの、途上にあるもののことだ。主人と奴隷の関係からピョンととびだして、大地にむかって出発しようとするもののことだ。ひとが民衆になろうとすることだ。

コミュニズムとは、無償の生をいきるということだ。相互扶助を生きるということだ。でも相互扶助は、ややもするとカネもうけの食いものにされていたり、自分じゃ損得ぬきでそうしているんだっておもっていても、その集団の権威にしたがっちまっているときがある。だけど、それはただの秩序だ、奴隷の生をいきるということだ。そんな自分に気づいたら、いつでも自分をカチわっていい。秩序をはみだせ。役にたつとか、たたないとか、そんなことはどうでもいい。無償の生を暴走させろ。めったくそに好きなことをやりまくって、めったくそにおせっかいをしまくってやれ。ドイツ・アウトノーメのように、わるのりにつぐわるのりを、そしてさらなるわるのりをくりかえしてやれ。

えっ、秩序をはみだすのは、犯罪だって？ みんなにきらわれてしまうって？ 上等だよ、上等だよ、ひらきなおるわけじゃねえが。現にあるものをブチこわせ。主人でもない、奴隷でもない、民衆の生をつかみとれ。新天地にむかってあるきだせ。それはとても孤独なことなのかもしれない。おいら、ゴロツキ、はぐれもの。でも、ひとたびその一歩をあゆみだせば、かならずあのメロディがきこえてくる。もうなんにもこわくない。過去の民衆たちがおどりだす。おいらもいっしょにおどりだす。つられて、だれかもおどりだす。ユートピアだ。コミュニズムとは絶対的孤独である。それは現にある秩序をはみだしていこうとすることだ。かぎりなくはみだしていこうとすることだ。あらゆる相互扶助は犯罪である。アナーキーをまきちらせ。コミュニズムを生きてゆきたい。

おわりに

さてはて、新書『アナキズム』、全五章にわたっておとどけしてまいりましたが、いかがでございましたでしょうか？　もしかしたらはなしはわかったけど、自分にはちょっとムリだっていうひともいるかもしれない。エマ・ゴールドマンはハチャメチャな生きかたをしていておもしろいけど、わたしにはおなじことはできませんよとか、ドイツのスクウォットもいいなとはおもうけど、わたしにはそんな生活できませんよとか、大杉栄やそのまわりのゴロツキたちにしても、ファイトクラブよろしくあばれまくるってのはカッコイイけど、わたしにはマネできませんよってね。

だから、そんなあなたにファイト一発。ひとことだけいっておくよ。あたりまえだ。いやさ、アナキストが超人的能力をもっていたとか、そういうことじゃないよ。そうじゃなくて、みんなユートピアをみようとしていたわけだからね。いまここにあるはずのないものを、ありえないっておもわれているものをつくりだそうとする。そんなやつらのことを考えるのに、もしうちらが現にある秩序に閉じこもってしまって、いまある常識のなかでものを考えていたら、そりゃアナキズムはちょっともう無理すっておもってしまうだろう。あれもダメ、これもダメ、ぜんぶダメ。ダメ、ダメ、ダメ。

でもさ、ほんのチョビッとでもいい、ほんのチョビッとでも発想をきりかえてくれたら、はなしがぜんぜんかわってくる。だってさ、いいかたをかえると、アナキストがやってきたことって、そのつど人間の可能性の幅をひろげてきたってことだからね。どんなに国家がきびしいとりしまりをしたとしても、ひとはここまで自由奔放に生きることができたんだ、ここまであばれまくることができたんだとか、どんなにカネ、カネ、カネっていって、「カネによる支配」がすすんだとしても、ひとはここまで、はたらかないで、たらふく食べることができたんだ、ここまでカネがなくても好き勝手にやれたんだとかってね。できっこないをやらなくちゃ。その幅をいけるところまでひろげていく。それがアナーキーを生きるってことだ。

そういう意味じゃ、だいじなのって想像力なんだよね。チョロッと過去に目をむけてみれば、ここまではやれたぞっておもわせてもらえる。すでにやられているってことは、いまここでも不可能じゃない、ありうるんだってことだからね。いまこの世のなかじゃ、国家や会社がないと生きていけないっておもわされていて、そのなかでつかえるやつにならなくちゃいけないんだっていわれて、奴隷みたいにコキつかわれる。でも、それじゃいきぐるしい。がまんができない。でも、がまんしなくちゃいけないいんじゃないのか、でも、でも……、そんなとき過去のアナキストたちが手をさしのべてくれる。あれもやれる、これもやれる、もっとやれる、なんでもやれる、もっともっと。まったくおなじことをやる必要なんてない。いまここで、好きなように自分の可能性の幅をひろげればいいだけだ。現にあるものをぶちこわせ。勝手にしやがれ、好兄弟！

しかも、いちどそういう想像力に身をまかせてみると、いがいとこれまでの人生経験のなかに、アナーキーを手にした瞬間がけっこうあるってことに気づかされる。それは失神するほどおどり狂っているときかもしれないし、全身全霊をこめてセックスをしているときかもしれないし、なぜかわからないけど死を賭して山をのぼっているときかもしれないし、ムダに体をきたえているときかもしれない。それまでの自分をたたき殺し、これが人間の限界だっておもってきたことをぶちぬいて、もっとやれるってことを身体でかんじる。オレにはひとをこえた力があるぞ、制御できない力がある。手に負えない。オレすげえ、オレすげえ。オレ、オレ、オレ、オーレイ！うれしい、たのしい、きもちいい。いちどあじわったら、もうわすれやしない。この酔い心地だけは。

もうちょっといっておこうか。いやさアナーキーがうまれるときって、そうやって自発的になにかやっているときだけじゃなくてね。弱さが武器にかわるときってのかな、めっちゃ受動的なときもあるんだ。しかも、おいらこっちのほうが好きでね。最後にひとつ、おいら自身の例をあげてみよう。もういったかもしれないけど、おいら三七歳まで埼玉の実家にひきこもっていてね。二九歳で大学院の籍もなくなってしまって、仕事もなけりゃカネもない。カネがないから本も買えないし、東京でやっていた勉強会にもいけやしない。唯一のたのしみは深夜、外にでて一本だけタバコを吸うことだ。でもある日、近所でさ、夜中、変質者がでるぞってウワサがたっちまってね。親に怒られてタバコも吸えなくなっちまった。なにもできねえ。

で、ずっと部屋にひきこもるようになってヒマだしね。あたらしい本もないんで、むかし奨学金でかった『大杉栄全集』をよみかえしていた。でも二度、三度よんでいるとあきてくる。それではじめたのが音読だ。これがまたたのしくてね。深夜、ひとりでブツブツっていいながら抑揚をつけたり、リズムをつけながらよんでいくときもちいいんだ。だんだん歌みたいになっていって、やべえ、オレ大杉なんじゃねえかって錯覚しはじめる。ボクハセイシンガスキダァ〜〜、ウオオオッ、スキダァ〜〜ッ♪てなぐあいでやってたんだけど、そしたらある日、伴奏ってのかな、とつぜんメロディがきこえてきたんだ。チャンチャンチャンチャチャチャ〜〜ン、チャチャチャチャチャチャチャチャ〜〜ン♪

あれ、おいらとうとうおかしくなっちまったのか？　耳をすませてみると外からだ。窓をあけてみると、じつはうちのまえは激安アパートでね。みると、住んでいた中国人留学生が窓をあけて、わざわざラジカセを外にだして故郷のらしき音楽をきいていた。深夜なんでこれがまたいいかんじにひびく。おいら、これにききホレちまってよ。もしかして、あいつおいらに曲を無償で聴かせてくれてんじゃねえのかっておもったもんさ。さすが中国だ。暴走するコミュニズム。まもなくして、歌の競演がはじまった。チャンチャンチャチャチャ〜〜ン、チャチャチャチャチャチャチャチャ〜〜ン♪ボクハセイシンガスキダァ〜〜、ウオオオッ、スキダァ〜〜〜ッ♪ うれしい、たのしい、きもちいい。

でもしばらくしたら、その中国人留学生がいなくなっちまってね。そのころ日中関係があれていたからその影響か。チクショウ。さびしいとおもっていたら、またある日のこと。深夜、おなじ部屋からすげえものがなしい鳴き声がきこえてくるんだ。フオオオ、フオオオォォ〜〜〜♪ 毎晩だ。どうもアパートの大家が犬好きで、ちょっとずつ保健所からひきとっていたら、自宅にはいりきれなくなっちまったらしくてね。苦肉の策として、アパートに一匹一室あたえることにしたんだ。でさ、昼間は大家がきているからいいんだけど、夜中はさびしくて鳴いちまうんだよね。

フオオオ、フオオオォォォ〜〜〜♪ ああ、ものがなしい。フオオオ、フオオオォォォ〜〜〜♪ ああ、おいらのための伴奏だ。フオオオ、フオオオォォォ〜〜〜♪ ああ、うたいたい。フオオオ、フオオオォォォ〜〜〜♪ アアッ、アアアァァァ〜〜〜ッ!!! ボクハセイシンガスキダァ〜〜、ウオオオッ、スキダァ〜〜〜ッ♪ フオオオ、フオオオォォォ〜〜〜♪ きもちいい、超きもちいい。ほえろ、ほえろ、ほえろ。声がかれはてるまで、のどをかっきり血ヘドをはくまで、うたっちまいな。自分をこえろ、人間をこえろ。手に負えない。こうしておいらはケモノになった。さけべ、アナーキー!

えっ、なにいってんのって? メロディ。もう先へはすすめない、なにもできないっておもっていても、ふとしたきっかけでその受動性が暴走しはじめる。それまでありえないっておもっていたことがはじまるんだ。大杉栄にもなれる、中国人歌手にもなれる、ケモノにもなれる。アナーキーがよみがえる。いっしょにうたおう、好兄弟！　いっしょにおどろう、好兄弟！　血液がわきたち、肉がおどりはじめる。得体のしれない力がやどる。何時間でも何時間でもうたってしまえ。あれもできる、これもできる、なんでもできる、もっともっと。人間はひとりにして群れである。統一された組織じゃない。おいらも犬も留学生もてんでバラバラ、孤独である。でもその力がスッとかさなったとき、それが得体のしれない力にかわる、化けるんだ。

いちどたりとも均衡のとれたことのない合成された力。ひとつになっても、ひとつになれないよ。なんどやってもひとりはひとり。アナキズムとは、絶対的孤独のなかに無限の可能性をみいだすということだ、無数の友をみいだすということだ、まだみぬ自分をみいだすということだ。コミュニズム。自分のために、自分のために生きてさえいれば、なんにでも、またなんにでもなれるよ。ほんのつかのまのことかもしれない、でもほんのつかのまでも、その一瞬に自分の人生を賭けることができたなら、けっしてわすれることはないだろう。この酔い心地だけは。アナーキーをまきちらせ。コミュニズムを生きていきたい。一丸となってバラバラに生きろ。

＊

そんじゃ謝辞とまいりましょう。まずは五井健太郎さん。五井さんにはたくさんの翻訳をつかわせてもらっただけじゃなく、なんども内容の相談にものっていただきました。感謝です。そしてカライモブックスの順平さん、すこしまえのことになりますが、書籍カンパありがとうございました。今回、めっちゃつかわせていただきました。感謝です。それから担当編集者の渡部朝香さんにも。いやあ、締め切りをすぎてもなかなか原稿がおわらず、ご心労をおかけしてしまいましたが、いつもながらあたたかいおことばをかけていただき、ありがとうございました。ビールカンパにも感謝です。おいしかった！　そしてそして読者のみなさまにも。最後までおつきあいいただき、ありがとうございました。またちかいうちにお会いいたしましょう。チャンチャンチャンチャチャ～～ン、チャンチャヤチャヤチャヤチャヤ～～～ン♪　フオオオ、フオオオォォ～～～♪　あばよ！

二〇一八年一〇月

栗原　康

主要参考文献一覧

『新編 大杉栄全集』全 12 巻・別巻，ぱる出版，2014～16 年.
『伊藤野枝全集』全 4 巻，學藝書林，2000 年.
『八太舟三著作集』全 2 巻，黒色戦線社，1970～71 年.
『プルードン』全 3 巻(アナキズム叢書)，長谷川進・江口幹訳，三一書房，1971 年.
『クロポトキン』全 2 巻(アナキズム叢書)，三浦精一・大沢正道・長谷川進・磯谷武郎訳，三一書房，1971 年.
ダニエル・ゲラン編『神もなく主人もなく――アナキズム・アンソロジー』全 2 巻，長谷川進・江口幹訳，河出書房新社，1973 年.
栗原康編『狂い咲け，フリーダム――アナキズム・アンソロジー』ちくま文庫，2018 年.
森元斎『アナキズム入門』ちくま新書，2017 年.
玉川信明『アナキズム』(FOR BEGINNERS シリーズ イラスト版オリジナル 39)，現代書館，1986 年.
竹中労『新版 黒旗水滸伝』全 4 巻，皓星社，2012 年.
ジョージ・ウドコック『アナキズム』全 2 巻，白井厚訳，白水社，2002 年.
マレイ・ブクチン『エコロジーと社会』藤堂麻理子・戸田清・萩原なつ子訳，白水社，1996 年.
アラン・ドレングソン編『ディープ・エコロジー――生き方から考える環境の思想』井上有一訳，昭和堂，2001 年.
ピーター・シンガー『動物の権利』戸田清訳，技術と人間，1986 年.
エドゥアルド・ヴィヴェイロス・デ・カストロ『インディオの気まぐれな魂』(叢書 人類学の転回)，近藤宏・里見龍頌訳，水声社，2015 年.
ブルーノ・ラトゥール『虚構の「近代」――科学人類学は警告する』川村久美子訳，新評論，2008 年.
『現代思想　特集：人新世』2017 年 12 月号，青土社.
福田克彦『三里塚アンドソイル』平原社，2001 年.
松野弘『環境思想とは何か――環境主義からエコロジズムへ』ちく

ま新書，2009年.
マレー・ロスバード『新しい自由のために――リバタリアン宣言』岩倉竜也訳，デザインエッグ社，2016年.
リュック・ボルタンスキー，エヴ・シャペロ『資本主義の新たな精神』上・下，三浦直希・海老塚明・川野英二訳，ナカニシヤ出版，2013年.
ノーバート・ウィーナー『サイバネティクス――動物と機械における制御と通信』池原止戈夫・彌永昌吉・室賀三郎・戸田巌訳，岩波文庫，2011年.
ユヴァル・ノア・ハラリ『ホモ・デウス――テクノロジーとサピエンスの未来』上・下，柴田裕之訳，河出書房新社，2018年.
ベトナム反戦直接行動委員会編『死の商人への挑戦――1966／ベトナム反戦直接行動委員会の闘い』(アナキズム叢書)，『アナキズム叢書』刊行会，2015年.
船本洲治『新版 黙って野たれ死ぬな』共和国，2018年.
原口剛『叫びの都市――寄せ場，釜ヶ崎，流動的下層労働者』洛北出版，2016年.
入江公康『眠られぬ労働者たち――新しきサンディカの思考』以文社，2008年.
入江公康『現代社会用語集』新評論，2018年.
酒井隆史『通天閣――新・日本資本主義発達史』青土社，2011年.
逸見吉三『墓標なきアナキスト像』三一書房，1976年.
亀田博，廣畑研二編『中濱鉄　隠された大逆罪』トスキナアの会，2007年.
矢部史郎，山の手緑『無産大衆神髄』河出書房新社，2001年.
高祖岩三郎『新しいアナキズムの系譜学』(シリーズ 道徳の系譜)，河出書房新社，2009年.
『福音と世界　特集：アナキズムとキリスト教』2018年10月号，新教出版社.
ボブ・ブラック『労働廃絶論　ボブ・ブラック小論集』(アナキズム叢書)，高橋幸彦訳，『アナキズム叢書』刊行会，2015年.
ジョン・ホロウェイ『権力を取らずに世界を変える』大窪一志・四茂野修訳，同時代社，2009年.
ジョン・ホロウェイ『革命――資本主義に亀裂をいれる』高祖岩三郎・篠原雅武訳，河出書房新社，2011年.

デヴィッド・グレーバー『アナーキスト人類学のための断章』高祖岩三郎訳，以文社，2006 年.
デヴィッド・グレーバー『負債論──貨幣と暴力の五〇〇〇年』酒井隆史訳，以文社，2016 年.
David Graeber, *Direct Action: An Ethnography*, AK Press, 2009.
ピエール・クラストル『国家に抗する社会──政治人類学研究』(叢書 言語の政治)，渡辺公三訳，水声社，1987 年.
Rudolf Rocker, *Anarcho-syndicalism: Theory and Practice* (*Working Classics*), AK Press; 6th, 2004.
エマ・ゴールドマン『エマ・ゴールドマン自伝』上・下，小田光雄・小田透訳，ぱる出版，2005 年.
Emma Goldman, *ANARCHISM & OTHER ESSAYS*, Lightning Source UK Ltd, 2017.
シルヴィア・フェデリーチ『キャリバンと魔女──資本主義に抗する女性の身体』小田原琳・後藤あゆみ訳，以文社，2017 年.
グスタフ・ランダウアー『レボルツィオーン──再生の歴史哲学』大窪一志訳，同時代社，2004 年.
グスタフ・ランダウアー『自治 - 協同社会宣言──社会主義への呼びかけ』寺尾佐樹子訳，同時代社，2015 年.
『Actual Action〈事実行為〉』vol.1〜4，Actual Action 編集委員会，1993〜94 年.
『HAPAX』vol.1〜9，夜光社，2013〜18 年.
ティクーン『反 - 装置論』以文社，2012 年.
不可視委員会『来たるべき蜂起』『来たるべき蜂起』翻訳委員会訳，彩流社，2010 年.
不可視委員会『われわれの友へ』HAPAX 訳，夜光社，2016 年.
不可視委員会『いまこそ(仮)』HAPAX 訳，夜光社，近刊.
ダニエル・コルソン『アナキズム哲学小事典』五井健太郎訳，夜光社，近刊.
ダニエル・コルソン「ニーチェと絶対自由主義的労働運動」『HAPAX』vol.10，五井健太郎訳，夜光社，近刊.

栗原 康

1979年埼玉県生まれ．早稲田大学大学院政治学研究科博士後期課程満期退学．東北芸術工科大学非常勤講師．専門はアナキズム研究．著書に『大杉栄伝——永遠のアナキズム』(夜光社)，『学生に賃金を』(新評論)，『はたらかないで，たらふく食べたい——「生の負債」からの解放宣言』(タバブックス)，『現代暴力論——「あばれる力」を取り戻す』(角川新書)，『村に火をつけ，白痴になれ——伊藤野枝伝』(岩波書店)，『死してなお踊れ——一遍上人伝』(河出書房新社)，『菊とギロチン——やるならいましかねえ，いつだっていましかねえ』(タバブックス)，『何ものにも縛られないための政治学——権力の脱構成』(KADOKAWA)など．

アナキズム
一丸となってバラバラに生きろ　　岩波新書(新赤版)1745

2018年11月20日　第1刷発行

著　者　栗原《くりはら》 康《やすし》

発行者　岡本 厚

発行所　株式会社 岩波書店
〒101-8002 東京都千代田区一ツ橋2-5-5
案内 03-5210-4000　営業部 03-5210-4111
http://www.iwanami.co.jp/

新書編集部 03-5210-4054
http://www.iwanamishinsho.com/

印刷製本・法令印刷　カバー・半七印刷

© Yasushi Kurihara 2018
ISBN 978-4-00-431745-6　　Printed in Japan

岩波新書新赤版一〇〇〇点に際して

ひとつの時代が終わったと言われて久しい。だが、その先にいかなる時代を展望するのか、私たちはその輪郭すら描きえていない。二〇世紀から持ち越した課題の多くは、未だ解決の緒を見つけることのできないままであり、二一世紀が新たに招きよせた問題も少なくない。グローバル資本主義の浸透、憎悪の連鎖、暴力の応酬——世界は混沌として深い不安の只中にある。

現代社会においては変化が常態となり、速さと新しさに絶対的な価値が与えられた。消費社会の深化と情報技術の革命は、種々の境界を無くし、人々の生活やコミュニケーションの様式を根底から変容させてきた。ライフスタイルは多様化し、一面では個人の生き方をそれぞれが選びとる時代が始まっている。同時に、新たな格差が生まれ、様々な次元での亀裂や分断が深まっている。社会や歴史に対する意識が揺らぎ、普遍的な理念に対する根本的な懐疑や、現実を変えることへの無力感がひそかに根を張りつつある。そして生きることに誰もが困難を覚える時代が到来している。

しかし、日常生活のそれぞれの場で、自由と民主主義を獲得し実践することを通じて、私たち自身がそうした閉塞を乗り超え、希望の時代の幕開けを告げてゆくことは不可能ではあるまい。そのために、いま求められていること——それは、個と個の間で開かれた対話を積み重ねながら、人間らしく生きることの条件について一人ひとりが粘り強く思考することではないか。その営みの糧となるものが、教養に外ならないと私たちは考える。歴史とは何か、よく生きるとはいかなることか、世界そして人間はどこへ向かうべきなのか——こうした根源的な問いとの格闘が、文化と知の厚みを作り出し、個人と社会を支える基盤としての教養となった。まさにそのような教養への道案内こそ、岩波新書が創刊以来、追求してきたことである。

岩波新書は、日中戦争下の一九三八年一一月に赤版として創刊された。創刊の辞は、道義の精神に則らない日本の行動を憂慮し、批判的精神と良心的行動の欠如を戒めつつ、現代人の現代的教養を刊行の目的とする、と謳っている。以後、青版、黄版、新赤版と装いを改めながら、合計二五〇〇点余りを世に問うてきた。そして、いままた新赤版が一〇〇〇点を迎えたのを機に、人間の理性と良心への信頼を再確認し、それに裏打ちされた文化を培っていく決意を込めて、新しい装丁のもとに再出発したいと思う。一冊一冊から吹き出す新風が一人でも多くの読者の許に届くこと、そして希望ある時代への想像力を豊かにかき立てることを切に願う。

（二〇〇六年四月）